「學人」搞社創

中大研究及知識轉移服務處 著

# 目錄

# 前言

香港中文大學（中大）知識轉移服務處（ORKTS，研轉處）於 2019 年發行「自家製」刊物 Cubic Zine，希望藉定期的學人專訪、環球社創案例分享及業界最新消息等相關內容，鼓勵更多校內外人士認識社會創新，共創社會影響。

在芸芸學者中，有學者醉心於學術世界，以尋求突破頂尖科研為目標；亦有學者渴望透過「知識轉移」，將學術研究轉化為實際應用，創立社創項目或社會企業，惠及社會。研轉處致力推動「學人搞社創」，希望鼓勵教授們將研究成果轉化為實在社區行動與應用，創造最大社會效益。

何謂「學人搞社創」？即是以中大作起點，由中大學者和學生發揮創造力，研轉處配合推動，通過創新創業，將其知識貢獻社會。社創力量一脈相承，透過跨學科的理念和跨界別合作，在不同方面創造正面的社會影響。

「社創」代表社會創新，面對社會不同的問題，學人致力以前瞻創新的思維，再以研究成果作基石，為社會締造無限可能。至於如何支持學者「搞社創」，在不同方面的支援尤其重要，包括理念孵化、諮詢及資金支持等。

本書收錄 Cubic Zine 文章，結集 20 多位中大學者的精華故事。本書由「創新思維」啟航，繼而穿梭「弱勢社群」、「身心健康」、「人

與環境」及「生活文化」各個脈絡。專訪人物橫跨多個學系，包括人類學、心理學、教育心理學、語言學、物理學、電子工程學、建築學院、公共衞生學院、新聞與傳播學院及生命科學學院，展現中大多元的研究領域所帶來的影響。

學者除了分享進入社區的初心，亦談人生經歷與成長，成功與挫折，走上學術路的原因、研究的魅力、心動之處等，讓大眾窺見學術殿堂內，學人背後不一樣的人生旅程。

# 序一 中大副校長（研究）、卓敏生物醫學講座教授岑美霞教授

# 傳承與永續：
# 以人文精神推動社會進步

香港中文大學（中大）是一所充滿活力和創新精神的頂尖學府，集合卓越的研究能力優勢，以及中大同仁熱心創變的力量。我們結合中國人文精神和西方博雅教育傳統，素來關心社會脈動和發展。

依山而建，有着廣闊的校地，中大重視傳承人文精神，致力履行大學社會責任，在實踐可持續發展目標上不遺餘力。此外，《中大策略計劃 2021-2025》就包括了「研究與創新」及「社會責任與可持續發展」為未來 5 年的重點範疇，我們積極鼓勵跨領域研究、推行社區／夥伴合作計劃，以及培育創科人才，凸顯對推動社會進步的重視。

## 中大成為社創搖籃

大學作為串連各種資源、連結的知識中心，我們鼓勵教研人員在進行教學和科研外，也要考慮將優秀的研究成果轉化為創新方案，協助解決社會問題，攜手造福社群。

中大早於 2009 年已開始推出「知識轉移項目計劃」，並於 2017 年起與香港特區政府社會創新及創業發展基金（社創基金）合作，成為首間與社創基金合作，亦同時為學者提供資金推動應用研究或社創項

目的本地大學。

在瞬息萬變的時代，挑戰無處不在。過去 12 年，中大締造逾 200 項社創成果，協助多間社會企業穩步發展，開創了不同產業的新機遇。除了研究及知識轉移服務處（ORKTS），大學還有不同部門及單位參與推動社創，例如創新科技中心（CINTEC）、創業研究中心（CfE）、香港社會企業挑戰賽（HKSEC）、創業創新副修課程（EPIN）、博群全人發展中心（I·CARE Centre for Whole-person Development）、中大創業者聯盟（CUEA）、中大創業校友會（CUAEA）、粵港澳大灣區發展辦公室（GBAO）、社會責任及可持續發展處（SRSDO）等。從學術研究圈到社創生態圈，我們成功凝聚各方力量，發揮最大的協同效應。在大學的積極推動下，我喜見知識轉移已在多個範疇扎根，亦樂見大家肩負社會責任，追求可持續發展，創造非凡的成就和價值。

## 以公民大學身份回饋社會

社創一直是焦點議題，中大為師生提供堅實的研發基地和連繫支援，激勵同仁發揮探索精神，使學術研究應用落地，讓夢想志向走得更遠。今次我們把部分知識轉移的成功經驗輯錄成書，印證大學竭力回饋社會，同時希望為有志投身於社創的讀者帶來啟發。

悠悠奮進數十載，中大一直是高等教育界的中流砥柱，我藉此機會感謝各教研人員和創變團隊為實現大學的共同願景，盡心耕耘，群策群力。大學明年將踏入 60 周年，期望大家繼續運用創造力和發展科技，促進「產學研」（企業、學校、科研機構）多樣性及合作，進一步為社會作出貢獻。

# 山城匯流：
# 學研寶藏傳世代，「敢想敢創」
# 展未來

香港中文大學是公認的世界領先綜合研究型大學，在亞洲更是位居前列。中大多年來人才輩出，全賴頂尖科學家、傑出學者及優秀學生矢志藉教育、研究、參與，造就豐碩學術成果。

教學和研究是大學重要的使命，知識建構是大學工作重要的一環，但在此以外，大學還肩負著另一使命——知識轉移。知識轉移，簡言之是知識的轉化和應用，大學在培養人才、傳授和創造知識之餘，亦把知識應用於社會，惠及大眾，促進社會整體發展。

## 知識轉移社區受惠

中大研究及知識轉移服務處（研轉處，ORKTS）相信，除了在專業領域持續研究創新，當下亦有必要挑戰及展望未來。研轉處的角色是連接中大及社會的橋樑，配合學人研究項目的孵化和發展需要，提供研究資金、產研合作、研究合約、知識產權、倫理政策、知識轉移方面的支援。

為了創造更多社會效益，中大於 2009 年成立了全港院校首個「知識轉移項目基金」（KPF），提供資金和支援，鼓勵學者活用知識及研究，轉化成社會創新項目；以及在 2017 年成立「可持續知識轉移項目基金」（S-KPF），支持教授成立可持續的社會企業。

知識轉移是一個雙向、互動及交流的過程，且有需要推而廣之。書中結集了創新創業的真實個案，由一眾中大人分享教研和創業的寶貴經驗，剖析他們如何與廣大市民聯繫，社會又如何從知識轉移活動中受益。透過此書，我們希望與你分享中大的學研成果，也期望引起廣泛讀者對創新創業的興趣，感受中大人的靈活、識見和勤奮，從而開拓「知識解鎖」，惠及各個社群。

## 社會創新是促進永續發展的重要力量

在管理、科研和創業路上，我經常以 10 年藍圖為思考起點，並以開放態度接受新意念。面對現今知識科技型社會的需求和挑戰，學研與永續發展目標的結合是未來的趨勢。

研轉處希望鞏固中大社創圈其獨特優勢，讓有能者得以發揮所長，有效應對社會需要。我期盼將中大的學研寶藏更有策略地「知識轉移」至社會，尤其是集合跨學科教研人員的專業，以優質學術成果，為香港及國家未來更蓬勃的發展作出貢獻。

# 社創 × 創新思維

徐仲鍈

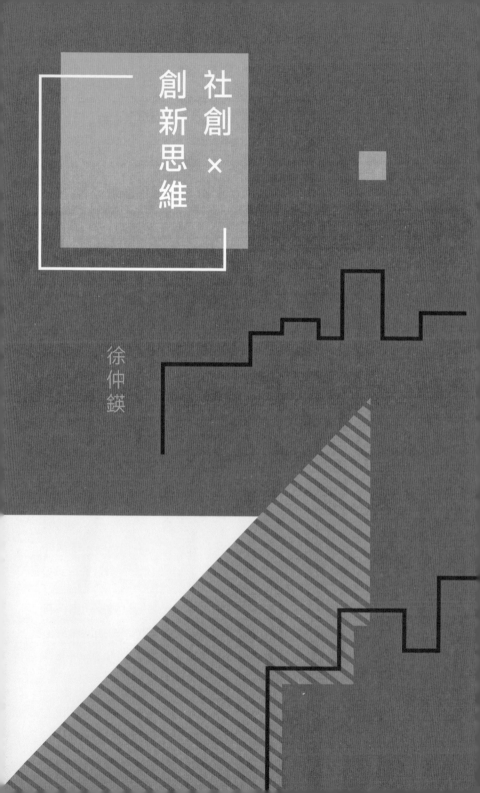

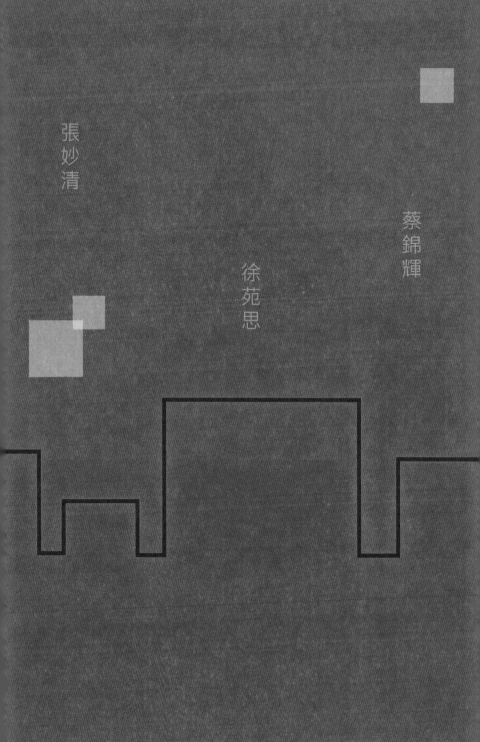

張妙清

蔡錦輝

徐苑思

徐仲鍈

中大研轉處處長

學者兼創業家，3招推動「敢創」文化

01

「開公司目的係咩？就是為了研究、make impact，不是混水摸魚。賺錢是重要，但你不用咁急搵錢（笑）。」生物統計學出身的徐仲鍈（Benny Zee）教授道出自己身為「學人創業家」的初心。

不少人創業講求速度，一有想法，便趕快試水溫、調整、籌資、擴張，但以學者身份為先的 Benny，創業更要講求完備的技術及有分量的實證，他寧願慢工出細「貨」，先集中精神做出令人信服的產品。「當然這只是我的做法。」

20 多年前從加拿大回流加入中大的徐仲鍈教授，頭戴多頂「帽」，既是中大公共衞生及基層醫療學院教授，亦是臨床研究及生物統計中心的中心主任；於 2006 至 2020 年出任中大及醫管局新界東醫院聯網臨床研究倫理委員會主席。近年再添一頂帽。

2020 年 4 月，他獲委任為中大研究及知識轉移服務處（Office of Research and Knowledge Transfer Services，簡稱 ORKTS 或研轉處）處長，由過往的 ORKTS「用家」，變為「當家」，帶領近 70 人團隊，推動中大的科研產業化。疫情下校園顯得空盪，總見他捲起袖子，揹起黑色背包，遊走各個辦公地點的影子。

在深入了解 Benny 的教研和創業經驗之前，先聽他分享一下求學之道。

## 忙碌的快樂童年

先談他引人好奇的姓氏。他姓徐，惟英文拼法是 Zee，誤以為他可能

是新加坡或馬來西亞華人背景，殊不知，他原來是個土生土長的「香港仔」，且是精英輩出的「男拔仔」。

「Zee 這個姓是因為我爸爸是上海人。」他說，以前爸爸在上海移居香港，入境人員聽到爸爸以上海音讀出自己的姓，近乎「Shi」（振音），當時的入境人員覺得像「Zee」，便這樣取用。「所以香港有許多姓 Zee 的都是上海人。」

在香港完成中學之後，他往加拿大升學，攻讀精算及統計學。為何選這科？「因為數學不需要多讀，就可以取得 A。在加拿大第一年讀的數學，我中三就讀過啦！」他透露，讀數學也跟他有個快樂的童年不無關係。

「在 DBS（拔萃男書院）讀書時好忙，玩排球、跳高，參加合唱團，音樂節要比賽，管弦樂團要比賽（他吹奏長笛和巴松管），又參加童軍。我的童年是好開心的，但變相讀書的時間就不是咁多囉！」他哈哈笑道。

中三已經讀 calculus（微積分學），在 Benny 口中，讀數「成本效益」最高，花時間少，成效大。「大學一年級有讀過心理學，但好努力咁讀，都不是咁好。但數學呢，我連書都沒買！」

靠着這份天才波，他在加拿大一直讀至碩士畢業，「有些同學入（行）了保險（當精算師），但我對計算保險計劃興趣不大，當時也未有想找工作的念頭，想繼續將統計應用在有意義的範疇，於是就想到醫學，就是 biostatistics（生物統計學）。」於是他轉往美國匹茲堡

大學（University of Pittsburgh）攻讀博士，研究非常罕見的硬皮症（Systemic Sclerosis）。

## 難忘美國「撈過界」

在匹茲堡，他最深刻印象的不是自己在風濕關節科的研究，而是對面骨科正進行的肌腱（Tendon）與軟骨組織（Cartilage）磨損的研究。

「他們當時計算究竟一生人 tendon 要動幾多下，才會令 cartilage 勞損，繼而出現關節痛。他們放置了一條屍體，用機器不斷轉動，嘗試找出相關數據。」正好他們需要統計學的專家，於是 Benny 獲邀參與這「秘撈」研究。「第一次去看這個實驗時，對住條屍體，但同事還不斷叫我吃喝。」提起這次與「大體老師」相遇的初體驗，他不禁失笑。

這次偶然的踩過界，令他踏入生物工程學的世界，首次接觸 mechanical data（機械數據），他覺得很有趣，所以十分投入這「副業」。他說所得薪金還超過讀博士的助學金，引來論文指導老師的注意。而他當時的回應十分霸氣：「咁（大學）咪唔俾咁多錢我。」

他順利在 1987 年畢業，終於要找工作，他不打算留在美國，因為當時每日打開電視，都是「美國到處打仗的新聞」，令他覺得十分煩擾，並想到另一個「極端」選項。「本來想回去加拿大一處小城，靜靜地在大學教數學，但我導師知道後十分反對。」

畢竟他當時所在的研究單位 The National Surgical Adjuvant Breast

上：圖中建築為 Benny 曾經服務 13 年的加拿大癌症臨床試驗小組。「我有幸在這跟隨一位傑出教授 Joseph Pater，開展我的早期事業。他向我展示了三樣重要的東西：良好研究方法、與人合作的能力，以及高度誠信。」（圖片提供：受訪者）

下：中大臨床研究及生物統計中心（CCRB）的大家庭。這裡亦是 Benny 所成立的公司 Health View Bioanalytic Limited（康訊生物分析有限公司）及背後技術的「發源地」，是一眾專家攜手合作的成果。（圖片提供：受訪者）

and Bowel Project（NSABBP）在美國是具規模的臨床試驗組織，導師不希望他「大材小用」。他接納導師意見，改變計劃，投身加拿大國家癌症研究所的臨床試驗中心，出任高級生物統計主任，專責設計臨床實驗。

## 將加國經驗帶回港

他形容這份工作有個「代價」，「我用了差不多 8 成時間做 administration 的工作，設計試驗、搞電腦、處理人事、開會、做計劃書，只有非常有限的數學工作。一開始當然有衝擊啦，都說本來我是想去小城教數學嘛！」

雖然重返加拿大後稍遇「衝擊」，但他後來在訪問中多次強調，一所機構要良好運作，且能給予人信心，「administration」功不可沒。而他似乎也不抗拒處理這些行政工作，因為他這第一份工作，一幹就 13 年。讓他最感到自豪的，是收取藥廠的經費，但同時維護到研究所和藥廠雙方的目標，幫病人找出更好的藥物。

2000 年初，由於在港的父母年紀漸大，再加上有感「人到中年要轉轉環境」，適逢中大臨床腫瘤科有相關招聘，在各種機緣巧合下，他在 2001 年加入中大擔任教授，頭 3 年主力成立一個「綜合癌症臨床試驗單位」（The Comprehensive Cancer Trials Unit）。

除了設計臨床試驗，以確定有關藥物或治療的效果之外，他當時亦協助成立一個能與世界接軌的倫理委員會。畢竟人命攸關，必須有一個先進的規範機制，確保研究合規、不會違背倫理。「如此才可以跟國

際接軌，獲世界承認。不過當時有好多角力，因為是 system 本來沒有的東西。」

## 乘「創業風」起航

Benny 一方面埋首教研和學院內「創新」，一方面留意到 2014 年開始，大學開始吹起「創業風」，更推出大學科技初創企業資助計劃（簡稱 TSSSU，由創新科技署撥款），鼓勵師生開公司，將研究產業化。「以前大學不鼓勵教授這樣做。」

正好此前數年，Benny 和團隊研發了「全自動視網膜圖像分析系統」（Automatic Retinal Image Analysis (ARIA) technology），只需拍一張眼底照，上傳系統分析，通過眼底下的血管訊息，就能得知中風、心臟病等心血管疾病的風險。技術更成功在美國、大陸、台灣取得專利。

遇上大學轉型，他認為正是時機將這套自家技術應用，帶進社區，於是在 2015 年透過 TSSSU 計劃，成立 Health View Bioanalytic Limited（康訊生物分析有限公司）。「所以我是 TSSSU 的產物！」

團隊除了跟非牟利團體合作，落區為市民做評估，亦不斷深化研究，收集數據。他們發現，眼底相亦透露了一個人患上腦白質病變、認知障礙症的風險，甚至有沒有濫藥、抑鬱，都可一探端倪。「市民知道了自己患病風險之後，可以及時調節生活習慣，注意飲食及運動，大大減低病發機率。現時我們希望可以有多一些 scientific backup，儲埋一次過推出來（服務）。」

創業 7 年，他不諱言自嘲公司尚未扎實，惟強調從來沒擔心賺不到錢，「但你要賺咁多錢做咩？」他反問。他直言，自己創業，目的是為了研究，並為社會帶來實際助益。儘管初心簡單直接，但執行後卻發現並不簡單。

「一開始以為設計好一個評估工具就會有人用，但其實不會，因為社會還未有預防疾病的文化。」市民生病會看醫生，但甚少會花費在篩查方面的服務。因此，他和團隊亦透過中大知識轉移項目基金（KPF），舉辦不同類型的健康活動，包括藉年輕人的聲音向長輩推廣大腦健康訊息，先提升社會整體保健意識。

創業路上，絕少一帆風順的，兩度開公司（另一間是貝思生物科技有限公司）的 Benny 坦言，創業人心理素質必須夠硬淨，「出到去會有好多不同聲音或噪音，會有人潑冷水，有些人騙你，有些哄你，有些罵你，有些壓迫你。」他一口氣列出創業人總有機會遇上的種種負能量。「所以你要有好強大的信念，但要有根有據，不是盲目。」

## 踏上新跑道

在中大轉眼服務近 20 年，2020 年 4 月他再接受另一挑戰，出任中大研轉處處長，以他豐富的行政和統計學經驗，將中大的科研寶藏更有策略地「知識轉移」至社會，尤其是集合跨學科教研人員的專業，應用於解決迫切的全球問題。

每間大學都有類似 ORKTS 這樣的部門，主要處理教授的研究資助申

請、跟業界訂定研究合約、申請專利等，因此以往 Benny 經常以「用家」身份出入 ORKTS。他自然對這部門有透徹的認識，但對於公眾，甚至學生，都未必知道這個位於百萬大道碧秋樓的部門。

「ORKTS 以前只做一樣東西（前述），現在就加了 Knowledge Transfer（KT，知識轉移）。近 10 年，大學開始注重 KT。」KT 是學界術語，簡單而言，Benny 當年基於自己的研究成果創辦公司，正正是 KT 活動之一。「為了完善大學的知識轉移、科研產業化，新成立的 InnoPort（創博館），將來就會有很多這類活動發生。」

## 藉新地標　三方面推動創新文化

佔地 5 層的 InnoPort 位於火車站旁邊馬賽克風格的博文苑，2020 年中完成主要裝潢，設有工作共享空間、展覽廳、會議室等，「裡面的活動最重要，我們會有 Venture Acceleration Team，針對學生教授團隊，教他們做 commercialisation；Social Innovation Team 助團隊如何因應社會需要，設立社企或一些社創項目。」

除了以上創新創業兩大支柱，Benny 亦有一個更遠大的目標，「希望設立一個系統，將不同學系的研究強項及人才結集起來，摒棄山頭主義，一起解決全球問題。例如環境污染，從工程、公共衛生、科學角度，如何可以共同入手處理呢？這將是 Innovation and Impact Development Team 的首要工作。」而 InnoPort Team 專注營造這座「新熱點」，同時加強各團隊與校內外的協作。

社創 × 創新思維：徐仲鍈

上：Benny 上任中大研轉處處長後，挑戰之一相信是新冠肺炎下的管理工作。2020 年 8 月初受訪時，大部分同事繼續居家工作，他則如常回到辦公室。（圖片提供：ORKTS）

下：InnoPort 因其地點便利，可望成為中大師生日後創業的據點。（圖片提供：ORKTS）

期望 InnoPort 成為中大師生、校友創業據點，推動中大「敢創」文化。Benny 表明，他和團隊會做好當中的行政工作，確保以上「如意算盤」有效實踐。

## 學人百科

### 多中心臨床試驗

「臨床試驗」是 Benny 教學生涯關鍵字，亦是近期疫下的熱門議題，事關俄羅斯 2020 年 8 月搶「頭啖湯」率先宣布新冠肺炎疫苗準備投產，惟此舉備受國際質疑，原因之一是有關疫苗尚未開展必要的第三階段臨床試驗。

臨床試驗除了分階段，還分為「單中心」和「多中心」，後者亦是 Benny 的強項，指「分散」在不同地點進行試驗。方法雖然較為複雜，但好處是可以納入背景更加多元（種族／環境）的參加者，避免取樣太過「同質化」。

## 社創資訊

### 1. 青年 AI 健康大使培訓和推廣計劃

項目推出年份：2020 年

資助計劃：中大知識轉移項目基金（KPF）

### 2. 康訊生物分析有限公司 （Health View Bioanalytic Limited）

創立年份：2015 年

團隊：中大研轉處處長徐仲鍈教授、李作為博士、黎明寶女士及古向前先生

目的：康訊生物分析有限公司以中大研發的尖端技術為基礎，致力將尖端科

研成果化為現實。康訊的全自動視網膜圖像分析（ARIA）已獲得美國、大陸和台灣的專利。ARIA 為社區人士，特別是長者提供了一種非侵入性和有效的風險評估，以管理自己的健康，提早預防患上嚴重的疾病。

張妙清

中大心理學系榮休講座教授

山城山下 40 年，
由 War on Rape 至
Farm to Table

'02

「其實我不僅推動婦權，我還做好多推廣精神健康的工作。我在新生會（新生精神康復會）做了幾十年義工。那時都還未有所謂社企的說法，但我已經投身其中。」個子嬌小、蓄 bob 頭短髮的張妙清（Fanny）教授甫坐下，就向我們「抗議」，說好多人訪問她，都只着墨她早年組織婦女發展的社區工作。她笑言，準備好跟我們慢慢「詳談」她的「課外活動」。

## 美國回流　發起 War on Rape

Fanny 是中大心理學系榮休講座教授及亞太研究所資深顧問，70 年代在美國明尼蘇達大學（University of Minnesota）取得心理學博士，「當年一畢業就回來，不想在那裡當二等公民。」外國回流、擁有漂亮學歷，還是香港當時難得一見的臨床心理學家，無論是學界抑或醫療界，都希望羅致旗下。最後，她選擇加入聯合醫院精神科。兩年的診症經驗，除了接觸病人，同時讓她發現背後潛藏的種種社會問題。

其中最讓 Fanny 看不過眼的是，當時的婦女遭受性侵，卻求助無門。「（被強姦婦女）完全沒有支援，她們甚至被社會污名化及怪責，又不敢告訴家人。假如報警，第一時間到場的不是警察，而是新聞記者。他們翌日就會將受害人相片及地址放上頭條，完全沒有規範，那是 1976 年。」她補充指，那時婦女因姦成孕，甚至不能合法墮胎。

眼見婦權極度落後，Fanny 在工餘時間，毅然跟外國婦女組織合作，發起名為「War on Rape」的倡議運動。但改甚麼中文名好呢？礙於「強姦」在當時仍是讓人不敢啟齒的事，考慮到華人的觀感，她們於

是起名為「保護婦女運動」。

張教授 1970 年代回港之後，初期邊從事臨床心理治療工作，邊投入促進婦權運動。

## 助警設指引　成立求助熱線

她跟一眾外籍婦女到處做教育及游說工作，包括協助制訂為受害人驗傷、醫療和心理支援、蒐證程序，以及修改法例等。「當時警察都很支持我們的工作，經常邀請我們做公眾教育。他們都樂於接受我們的建議，例如收到報案時要如何處理強姦案。」她指出，當時女警人數不多，「不是每個警員都能體諒（受害人）和有認知，因此我們制訂相關指引，幫他們做培訓。」

當然，單是善後並不足夠，「最重要有一個婦女中心。」Fanny 提起那訊息難以流通的年代。「那時沒有一個政府部門照顧婦女的需要，主流認為婦女問題應由家庭解決，因此她們遇上法律、家庭、醫療問題，第一步都不知可以去哪求助。」

Fanny 於是聯合多個組織力量，利用社區已有的資源，發動改變。一班有心人於 1981 年成立香港婦女中心協會，並得到葉錫恩市政局議員借出地方，設立全港第一條婦女求助熱線，一班專業義工輪流提供法律、健康、輔導的電話服務及轉介。

中心除了支援弱勢婦女需要，亦讓一班生活富裕的義工帶來滿足感。「當時有義工開玩笑指，來中心做義工都 empower 了自己，讓她學

張教授有份推動創立香港婦女中心協會。協會近年新設「照顧者咖啡室」，以創新手法提升對照顧者身心健康的關注。（圖片提供：香港婦女中心協會）

會了坐地鐵過海。」組織發展漸漸成熟，1985 年更在長沙灣有了第一個會址，現在全港已增至 7 個會址。

## Farm to Table　助復康者過新生

透過臨床工作窺見社會問題，讓她總是「不安分」，「我會思考背後問題，然後通過不同渠道找資源，解決問題，不會因循守舊。」她如此形容自己，「那時我經常上電視，因為肯講這個敏感議題且是專業女性的很少。」

Fanny 做了兩年心理臨床工作之後，被「挖角」轉到中大從事教學。期間公職邀請紛至沓來，1996 至 1999 年更獲委任首屆平等機會委員

會主席，向中大告假 3 年。此外，她早期已加入新生精神康復會，在推廣身心靈健康及復康者支援工作方面，做了數十年義工，期間當了 9 年主席，主力推動新生會轉型。

原來早在「社企」這字眼流行之前，新生會已經是先行者。「只不過當時沒有這種說法。」她說，70 年代，新生會在青山醫院旁邊租地建農場，許多義工為康復者提供農務的工作訓練，協助他們重投社會。

「以前還有養豬、鴿，現在沒有了，變成有機農場。」1994 年新生會還在屯門建生邨開設菜檔，其後發展餐飲、零售、生態旅遊等多元社企項目。中大都有一間新生會旗下的 Cafe 330[1]，食物及環境都不錯，同時推廣身心靈健康概念。「多得一班專業的團隊。」

## 將社創思維帶回中大

有了如此豐富的社創經驗，對 Fanny 在中大推動創業文化，尤其說服同事，增加不少助力。雖然她謙稱兩者並沒有直接關係。

她表示，大學在 7 至 8 年前已經提出，要培養全民創業思維（Entrepreneurial Mindset），不單止商科或工程系學生，而是所有學生都要學。她召集 8 個學院同事商討，惟有部分同事直言談創業感覺「市儈」。「我於是問該同事有沒有聽過社會創業（Social Entrepreneurship）。」

Fanny 如是將「社創思維」的概念帶進校園，希望率先啟發老師，繼而鼓勵跨學科的學生一起做。2019 年成立的 SoCUBE[2] 社創平台應

上：新生會成立於 1959 年，張教授見證其規模日益壯大。旗下發展出多元化社企，包括位於屯門的農場，以及在港九新界設有多間分店的餐廳 Cafe 330。上排為早期農場和菜檔相片。（圖片提供：新生會）

下：張教授為新生會當了數十年義工，現時是理事會長。（圖片提供：受訪者）

運而生,「平台將資訊集合、資源聚焦,透過前人的經驗分享,培養師生這種創業意識,有意識才有行動。」

她直言,好多學者「不食人間煙火似的」,只顧閉門做研究,「但我自己做好多『課外活動』,這也啟發到我做研究。」不過她強調,不是每個教授都需要這樣做,「總有人需要埋首做基礎研究,建立理論。」

## InnoPort 落成　整合創新生態

鼓勵學者投入社創也有實際推動力,事關影響教員仕途的 2020 年研究評審工作(RAE),將會效法英國,加入「研究影響力」(Research Impact)的新指標,佔總體 15% 評分。因此老師亦需要提供實證,證明其研究的社會影響力(Societal Impact)。不過 Fanny 坦言,這來自大學資助委員會的新要求來得太急,老師還需要時間適應。

SoCUBE 只是中大社創生態圈其中一環,2017 年校方設立全港首個創業創新副修課程(CUHK Minor Programme in Entrepreneurship and Innovation, EPIN),接受所有學科學生報讀;2020 年創新大樓 InnoPort 落成,加上香港社會企業挑戰賽(Hong Kong Social Enterprise Challenge, HKSEC)、博群計劃(I·CARE)等,Fanny 希望可以透過新地標,凝聚中大的創新創業力量,「增加各部門的 synergy,不要各有各做。」

社創 × 創新思維:張妙清

# 後記

深諳中西文化差異　開發中國人性格「心理測驗」

談起 40 多年的「課外活動」，張妙清（Fanny）教授滔滔不絕，但其「本業」其實同樣精彩，而且絕對可以發展出一門好生意。她的研究專業是個性測量，即臨床級數的精準「心理測驗」。

她說，70 年代回港工作時，發現臨床心理學家普遍會用其母校開發的明尼蘇達多項人格問卷（The Minnesota Multiphasic Personality Inventory, MMPI），以測量精神病人的精神及行為狀態。但當時 MMPI 未有中譯版本，「行家會即場翻譯，但每個人的翻譯都可能不同，會影響準確性。」所以她開始標準化翻譯。

## 中大學生較抑鬱？

加入中大之後，她展開了 MMPI 本地化的工程，惟功夫絕不簡單。將 500 多條問題翻譯成中文之後，中國科學院心理研究所當時邀請她合作進行全國標準化研究。要證明其有效度，還要進行許多測試。她找來一班中大學生填問卷，發現在部分量表，包括抑鬱、精神分裂的表現，中大學生的平均分數都比美國學生的為高，是否代表中大學生精神狀態特別差？

「如果你只是看表面的分數，就會以為中大學生精神狀態比美國學生差，但做研究的還要深入分析背後差異原因。」Fanny 於是抽出量表中，分數特別高的題目，並逐條分析及測試，最後證明部分在美國認為屬於抑鬱的行為，放在華人社會的香港，其實「正常不過」。這是

中西文化的差異，「香港人比較內斂。」

是次研究結果讓 Fanny 意識到，西方心理學有其盲點，不能將其工具照搬過來，應用在華人社會。這啟發她後來夥拍中國科學院心理研究所，開發一套針對中國人的個性測量表（Chinese Personality Assessment Inventory, CPAI），「中國人佔全球人口五分之一，為何我們不可以用這些科學方法，開發自己的一套適合華人的心理工具？」

## 坊間測試不入流

設計 CPAI 的過程，亦是探索中國人如何看個性的旅程。「我們從傳統小說了解如何描寫人物個性；我們上街訪問人們怎樣形容自己，如何描述別人的個性；我們做問卷，了解上司如何形容下屬，老師怎樣形容學生等。」定出量表題目之後，經過多輪的統計測試及全國標準化研究，制訂有代表性的常模，這套工具才得以誕生。之後，還要進行一系列的效度研究，證明可應用的範圍。

CPAI 的研究，發現西方工具以外對中國人很重要的一些個性特徵，也開拓了個性研究對文化角度的重視，並得到多項國際心理學獎項，包括美國心理學會頒發的「促進國際心理學傑出貢獻獎」（American Psychological Association Award for Distinguished Contributions to the International Advancement of Psychology），和國際應用心理學會頒出的「促進國際應用心理學傑出科學貢獻獎」(International Association of Applied Psychology Award for Distinguished Scientific Contributions to the International Advancement of

Applied Psychology)。

MMPI 和 CPAI 都是經過嚴謹科學測試的工具，那麼坊間非常流行的九型或十六型人格測試呢？Fanny 不諱言對於心理學專家而言，這些都是「不入流」的，沒有嚴謹的研究基礎和本土化調適，跟科學是兩碼子的事，用來破冰就可以。她建議可以一讀由 Merve Emre 撰寫的 *The Personality Brokers : The Strange History of Myers-Briggs and the Birth of Personality Testing* 了解箇中原因。

不少人都想知己知彼，性格測試有價有市，CPAI 好有潛在市場價值，惟 Fanny 直言：「雖然我在學校推廣創業精神，但我自己不喜歡做生意，以及推銷自己的產品。」這番話相信道出了不少學者的個性。不過，中大心理學系的評估培訓中心已經為多家機構提供 CPAI 作員工選拔及培訓的服務，讓科研成果可惠及社會。

[1]　編註：2021 年成立第二間 cafe，名為 inno330。

[2]　編註：現主力發展 *Cubic Zine*。

社創 × 創新思維

徐苑思
中大研轉處社會創新總監

「有文化差異先好玩！」
社企管理達人的創新心法

03

「越來越多例子見到，如果企業有心做的，所 create 到的 social impact，不會比 NGO 差。」徐苑思（Elsie）博士這日一身幹練行政人員裝束，在新開放的中大 InnoPort 創博館接受我們的訪問，分享她多年遊走商界、社福和學界的見聞。

她曾長年任職商界──中大社會學畢業沒多久，她往英國劍橋大學（University of Cambridge）攻讀 MBA，隨後在可口可樂大中華區公共事務及傳訊部擔任要職達 8 年，之後在創新管理顧問機構 ?What If! Innovation Partner（現為 Accenture 旗下公司）歐洲及亞洲區工作。現在加入中大 5 年，嘗試將商界的 good practice 引入校園，同時倡議企業多重視社會價值。

## 擁抱多元文化

過去出於職業需要，要為大企業「把脈」，自然對不少品牌故事瞭如指掌，尤其是自己鍾愛的時尚產業。然而，這日讓她滔滔不絕、暢所欲言的是過去十年，她迷上的另一 buzzwords──創新和社會效益（Social Impact）。

她的博士論文研究對象更是香港的社企。她現時是中大其中一位着力推動「商善合一」的推手之一，不但擔任了多年香港社會企業挑戰賽（Hong Kong Social Enterprise Challenge, HKSEC）項目總監；在中大商學院教授社企創業相關之課程；2020 年 9 月起更出任研究及知識轉移服務處（ORKTS）社會創新團隊總監，冀將大學出產的知識更有系統地與社會接軌。

Elsie 於泰國出生，童年曾隨家人居住台灣和新加坡，5 歲在香港落地生根；大學畢業後多年在上海及倫敦工作，「可能小時候常搬家，要適應不同地方的語言文化，所以不輕易有 cultural shock。」獨特的成長背景，造就她在「地球村」般的企業環境從容自如。「有 cultural difference 先好玩！我會想知點解佢會咁諗。」

## 轉研社企契機

聽其分享，她在商場上似乎取得不少滿足感，那麼到底是幾時和為何，讓她對社企感興趣，還以此為題讀了個 DBA（工商管理博士）？

她表示，任職可口可樂時，要管理社會企業責任（CSR）事務，當時對社創這個題目已感興趣，但真正說得上受啟發，是在 ?What If! 擔任管理顧問。

「當時我被派往倫敦，有同事接了一個 pro bono（公益服務）項目，是跟一個非洲 NGO 合作，希望用創新方法，推廣取締女性割禮這個對女性有傷害性的習俗。」團隊採用設計思維工具，提出既可以說服酋長、保存其文化一部分，同時又滿足到現代發展需要的一些方案，包括將「苦主」的心聲製作成流行曲，「日播夜播，引起輿論。」

「但是我們要好小心，不可以一味用西方教育角度去處理，而忽略了當中文化傳統的獨特部分。所以我們會同酋長談（這是「設計思考」過程中的「同理心」，即應思考貼切目標對象的解決方案，真正滿足他們的需求），這風俗背後的精神價值為何，會不會可以用別的方式

2020 年，香港社企挑戰賽在疫情下如期舉行。2022 年 9 月將踏入第 16 年。（圖片提供：
香港社企挑戰賽）

取代（女性割禮）呢？」Elsie 儘管談吐間展現自信，但對於某些觀
點上的問題，她特別強調個人存在盲點，「千萬不要覺得人家全錯，
自己全對。」

## 社創教育先行者

在外闖蕩多年，然而「為了工作和生活平衡」，她於 2012 年開始
為回港及轉行鋪路。除了攻讀法國格勒諾布爾管理學院（Grenoble
École de Management）的工商管理博士課程，2015 年，她獲中大
創業研究中心（The Center for Entrepreneurship of CUHK, CfE）
聘任，並半職帶領稱得上是香港社企界「木人巷」、有 15 年歷史的

社企挑戰賽。部分現在相當成熟的社企，包括 Green Price、WEDO GLOBAL 愛同行、街坊帶路和 Iensational 等，都經過這項目的培訓和洗禮。

「2000 年左右，香港開始多了討論社企這概念。當時政府撥款給 NGO 搞，主要是為加強推動 work integration（融合就業）。CfE 認為值得提倡不同類型的 entrepreneurship，以此作為教育，不單可以培養年輕人的創業精神，還可以幫到社會，令大眾更有 empathy（同理心），了解社會的需要，尤其更關注特殊人群。」Elsie 強調這項目可作為新社企搖籃的作用。

中大創業研究中心在 2007 年推出上述跨院校的社企比賽，至今發展成初創社企的 accelerator（加速器，助社企「加速」成長），2008 年開始獲民政事務局資助至今。雖然不是人人都適合創業，但培養企業家精神對每個年輕人都有好處。

Elsie 表示，她曾經在一個跨國銀行活動碰見一個比賽「舊生」，「他沒有勝出比賽，他亦覺得自己不是搞 startup 的人，但經歷整個過程，他知道即使為企業打工，亦希望跟創造社會價值相關。最後他加入了該銀行的 CSR（Corporate Social Responsibility，企業社會責任）部門。」她還一口氣數了多個獲政府邀請加入諮詢委員會的年輕領袖的名字，說明社創作為教育的「效益」。

上任研轉處社會創新總監後，除了繼續搞比賽、教書，她又有甚麼目標？

上：挑戰賽提供多項培訓及與前輩交流的機會，對於即使不勝創業的年輕人，亦大有助益。
（圖片提供：香港社企挑戰賽）

下：Elsie 認為，多接觸不同文化，有助啟迪創新思維。（圖片提供：香港社企挑戰賽）

她說，一方面會深化兩個給中大學者的「知識轉移」資助計劃 KPF 和 S-KPF，前者是給學者將其應用研究「小試牛刀」做出來，看看有沒有市場潛力。後者則是支持他們開社企，讓大學的研究跟社會接軌。

「知識轉移以創造社會價值是全球趨勢，許多大學都在講，討論如何將科研轉化為 tangible impact。」過去幾星期，她和同事馬不停蹄約見這些教授團隊，實踐設計思維第一步——empathize，聆聽用家的聲音。

「我還希望可以引入國際知名社創家作為 entrepreneur in residence（入駐創業者，EIR），以啟發校內熱心社創的朋友，並促進跨界別合作，共創 social impact。另外也想將 best practice 整理，將知識由大學轉移到業界。」

## 經驗與觀察

訪問來到尾聲，我們不忘請教 Elsie，就香港以至全球的社企生態及創新，分享其觀察。

「香港的社企最初多由 NGO 營運，差不多佔 8 成。但近年就多了沒有社福經驗的人經營，年輕和退休人士都有。不過香港的社企多數只聚焦本地市場，擴展範圍有所限。反觀外國，譬如法國的 Groupe SOS，規模十分大，業務繁多，甚至有自己的社企 accelerator，在外國都有分支。」

她寄語港人放眼世界，了解一下其他地方的社會問題，無論對個人成

長或創業都大有裨益，「香港文化相對單一，有些年輕人越少出去，越不願意出去；越少了解其他文化，就越少興趣去認識，可能會造成一個惡性循環。」

## 甚麼是創新？

「好多人以為 innovation 一定是指科技，其實不一定。可以是 business model（商業模式）、management model（管理模式）的 innovation。」如何具體實行？她提出 ?What If! 沿用的創新「方程式」，「即是 insight + idea + impact，insight 即是你要好清楚用家的需要，真正 hit 中其 pain point，提出的 idea 真是對中問題，以創造到 impact。」

## 哪類思維最不利創新，如何提升個人創新能力？

「太負面思維、經常 kill 別人的 idea，這樣唔得，那樣唔得……太 cynical 的人做不到創新。這個世界不是只講能力，而是講視野同心態，但 perspective 要慢慢 groom。」她建議年輕人可以多讀國際媒體，從自己感興趣的話題開始，「例如我中意時尚產業，我會上網看有關的片，進深了解之餘，也能多知道 KOL 的文化背景，擴闊學習。」

## 創造性張力（Creative Tension）

Elsie 直言，「太 cynical、中意 kill 人 idea，呢樣唔得，嗰樣唔得的人不利創新。」不過，她又指，適當的 creative tension 是好事。

「職場衝突學」專家 Baril 撰文指，上詞 creative tension 指一些有助對話和創意的「緊張場面」，即有建設性的反對。Baril 又指，以下這幾種情況都會「殺掉」creative tension，包括害怕失敗、失去互信、缺乏安全感、「從群思維」等。如果與會者覺得不被信任、怕被責怪、不敢講，都會減少創新的可能。

蔡錦輝

中大賽馬會公共衞生及
基層醫療學院副教授

乘知識轉移大勢，
創健康管理 startup

04

「最勁的技術是……落不到地。」西裝筆挺、快人快語的蔡錦輝（Kelvin）教授笑說。來自公共衛生學院的他，2019 年策劃本港首屆數碼健康國際研討會，邀得各國專家來港。問他會上見過最厲害的數碼健康技術，他想了一想，點出新創企業常出現的老問題——技術多厲害是其次，最重要是有用家。

## 拉近醫生與工程人員的「距離」

他帶着這份警惕，2018 年與多名學生創辦健康管理公司 DeepHealth Limited（智能健有限公司），並在中大可持續知識轉移項目基金（S-KPF）支持下，將多年的血壓數據分析及認知障礙症研究心血轉化，務求產品不但要落地，更要「入屋」。

Kelvin 是中大賽馬會公共衛生及基層醫療學院副教授，統計學出身的他既不是醫生，也不是工程師。惟多年的醫學大數據研究工作，包括預測及管理多種慢性疾病風險，使他跟這兩個專業合作無間，因此十分熟悉兩邊的思維及工作模式，亦掌握雙方的「盲點」。

「工程師想設計一個好勁的血壓計，但在醫生的角度，求醫者肯量血壓才是重點，如果不願意用的話，甚麼都假。這些會議可以讓工程人員了解醫療界的難題，得到啟發。」他樂於擔當這中間人角色，拉近雙方距離。

上：Kelvin 及其初創團隊成員。他大學時代帶慣學生參與行山歷奇，現在同樣與學生合作無間。（圖片提供：ORKTS）

下：Kelvin 直言，學者創業，將知識轉移是大趨勢，圖中為他 2019 年 5 月出席中大創業日分享創業經驗。（圖片提供：ORKTS）

社創 × 創新思維：蔡錦輝

## 學術知識市場化

教書、做研究、爭取資助、建數據庫,現在還要管理初創公司 DeepHealth。為甚麼搞初創?他指有兩方面的原因。一是大勢所趨。他引述中大醫學院院長陳家亮教授所言,世界大潮流都在講知識轉移,「如果中大不做(加強研產轉化),就會落後於全世界。」

「可能遲下教授有沒有開公司會成為考核指標,到時候同事每年要從自己薪酬撥錢出來,養着個公司牌照呢。」他開玩笑道。不過另一方面考慮到挽留大學人才,而且可以把自己的研究讓更多人受惠,何樂而不為?「研究助理如果不繼續深造,通常在大學做幾年就轉行,既然遇到有學生想搞初創,那我就跟他們搞一間吧。」

畢業自中大公共衞生學院快 4 年的 Christopher 正是 Kelvin 愛將之一。他自學生年代已幫 Kelvin 做研究,並靠自學學會寫手機應用程式,主責 DeepHealth 的產品前期開發,現在是公司的 CEO。

「坦白講,我好欣賞你,自學能力好高,不用人推。要推的話,哪推得遠呢?」一副「大佬」形象的 Kelvin 忽爾對旁邊的 Christopher 告白說。這麼不吝嗇讚美之詞,難怪令這名 Z 世代徒弟甘願追隨 6 年有多。

一臉青澀,但聲線沉厚得像電台主持人的 Christopher 說:「公共衞生就是不斷發現問題,而 Kelvin 的研究提供了許多低成本的 solution。」他這麼形容公司產品的特點。

上：DeepHealth 的 CEO Christopher（右），畢業自中大公共衛生學院，但靠自學會寫流動應用程式，甫畢業即獲 Kelvin 聘用。（圖片提供：ORKTS）

下：Kelvin 自言團隊缺乏熟悉商業運作的人才，近期找來大學同學兼有業務經驗的 KC Ip（中）加入，改善營業運作。（圖片提供：ORKTS）

社創 × 創新思維：蔡錦輝

## 大數據分析應用於血壓管理

血壓管理平台 HealthCap 是 DeepHealth 推出頭炮產品，是 Kelvin 的大數據研究成果之一。有甚麼特別？不少人都需要定期量度血壓，家裡有血壓計，但一般只是手抄記錄，缺乏系統，更遑論可看出甚麼長遠性的疾患風險分析。團隊針對以上痛點開發出 HealthCap（拍健）。

Christopher 指出，打開 HealthCap 應用程式，把血壓計的讀數拍照，便能自動記錄，省卻不少麻煩。平台最珍貴賣點的是其血壓報告，有助醫護人員或用家了解中風或心臟病風險，以便早日預防。

不要以為只有長者才需要關心血壓，畢竟心血管問題有年輕化趨勢，Kelvin 強調，「40 歲就要開始留意，坦白講，我的血壓都偏高，因為工作好緊張。」除了管理自己的血壓，平台亦推出收費版的「家庭版」，由子女管一個帳戶幫爸爸媽媽量度。「我們還會入中學，除了教學生數據分析，亦希望他們回去幫父母量血壓。」

## 以 Airbnb 模式為目標

DeepHealth 團隊第二項產品 ScreenMat（思健），亦是手機程式，透過畫圖和回答問題，評估用家的認知障礙風險。「我們希望可以做到類似認知能力版的 Airbnb，一旦發現你例如記憶力有衰老風險，平台會作出相應的非藥物治療推介，例如跳舞活動。有文獻證實跳舞確實可以改善記憶力，因為你要記舞步。」他舉例說。

計數和分析是 Kelvin 的強項，但營運一盤生意要求不止於此。「我

現在人前人後談笑風生，Kelvin 指是以前多年擔任歷奇活動導師練就而來。做導師的經驗亦啟發他助人的快樂。現在創辦 DeepHealth，希望可以助港人提高健康意識。（圖片提供：ORKTS）

不擅長如何打造一個商業模式，但幸好遇到很多有心人幫手。」他近期找來大學同學、熟悉保險行業的 KC 加入團隊，擴展 B2B（Business-to-business）的市場。「有時工作是一個人做唔晒嘅。」

課外課內那麼多「戰線」，還是有兩個兒子的爸爸，難怪 Kelvin 說自己血壓偏高、壓力大。問他有甚麼嗜好，減減壓？「嗜好？真是無乜喎。」他朗聲一笑。「有時星期六都在思考工作。」反而是身邊熟悉他的人「提醒」他，「你不是喜歡聽歌嗎？」「滑雪呢？」

「讀書⋯⋯話讀書是我興趣我會打冷震。」他自嘲說。細想之後，「之前很喜歡讀經濟雜誌，不是教人炒股那種，而是學習一些我沒有的知

識。例如為何中國要建自己的高德地圖？其他國家都樂意用 Google 地圖？又例如美圖秀秀，原來背後涉及龐大的美容市場……」他相信這些新聞故事有助他開拓個人視野，「不過現在太忙都少看了。」

## 「以前好怕醜」

再追問之下，其實他不是沒興趣，只是大概忙到丟遠了。他透露在學時曾經參加愛丁堡公爵獎勵計劃（現為香港青年獎勵計劃），活躍參與戶外歷險活動；大學起更擔任過多年香港小童群益會導師，帶年輕人行山露營，搞活動。時間並不短，大概是造就他今日能容易跟學生打成一片的本領。

「以前我好怕醜，所以做小童群益會目的之一是希望改善一下怕醜的性格。」他一路滔滔不絕，語速甚快，不時放笑彈，很難令人相信剛才這一番話的真確性。「之前有朋友跟我說，這麼久沒見，變得咁吹得的？雖然現在大家都說我很會吹水，但我跟自己說，吹水跟吹牛還是有分別的，我相信我不是吹牛。」他哈哈笑道。

博士畢業後分別在醫管局及中大就職過，處理過多項醫療研究項目，有沒有特別感到有成就感的呢？他強調，自己的工作談不上甚麼成就，「但是現在我覺得好開心的是，可以認識到好好的醫生，好好的工程人員，可以用融會的語言將事情落地。」他目標是平台可以達到 10 萬個用戶。

## 學人百科

**知識轉移（Knowledge Transfer, KT）**

KT 是教學及研究以外的「第三使命」，但大學以外的你，又知幾多？中美貿易戰，「技術轉移」常被提及，而在大學層面，除了技術轉移，專利授權、開公司、落區講學、參與《學是學非》⋯⋯都是 KT 的活動。

Kelvin 再次引述中大醫學院院長陳家亮教授所言，全世界都在說知識轉移，中大不得不急起直追。內地政府同樣快速應變，官方 2020 年 1 月出指引，鼓勵學院容許研究人員請假不超過 3 年，保留福利，專心創業。

## 社創資訊

**DeepHealth**

創立年份：2018 年

資助計劃：中大可持續知識轉移項目基金（S-KPF）

社企團隊：中大賽馬會公共衛生及基層醫療學院蔡錦輝副教授

目的：紓緩人口老化對社會造成的醫療壓力，並把學術研究成果貢獻社會。

網頁：www.deephealth.com.hk

社創 × 創新思維：蔡錦輝

社創 × 弱勢社群

鄧慧蘭

施婉萍

鍾民祥

譚少薇

鄧慧蘭

中大語言學及現代語言系
教授

推手語雙語親子學堂，
消除社會誤解

05

「我超喜歡莎士比亞，他確是個偉大的人生思想家。」鄧慧蘭教授是為人熟悉的手語語言學家，雖然身為健聽人，但是過去廿多年來，不斷推動手語語言學、聾人教育、幫聾人鋪建上大學的橋樑。這份對弱勢長期的關懷，多少跟她自小飽讀文學有關。

「人生有好多時候，要 make a choice 不是那麼簡單。」

她說的既是著名莎劇《哈姆雷特》主角的掙扎，亦道出了許多聾人和他們父母的困惑，到底選不選擇用手語來溝通？這是問題所在。

鄧慧蘭（Gladys）是中大語言學及現代語言系教授，亦是中大手語及聾人研究中心主任。如果你 Google「手語」、「學者」，輕易會找到許多 Gladys 的研究成果和報道，包括推出《香港手語詞典》、手語應用程式……她在 2016 年更與團隊申請中大可持續知識轉移項目基金（S-KPF），成立社企「語橋社會資源有限公司」（語橋社資），由山城走入旺角，透過親子課堂、聾人教育和手語傳譯等服務，推廣手語雙語教育及共融文化。

深耕同一範疇 20 多年，是否跟個人或身邊人經歷有關？殊不知，純粹是偶然。

## 文青變語言學家

「讀完博士回來，本來立志做（英語）老師培訓。」在筲箕灣長大的 Gladys 透露，自小很喜歡語言，求學時期的 70、80 年代經常流連圖書館、去電影中心看戲，是個不折不扣的「文青」。名校出身的她英

鄧慧蘭教授和部分中大手語及聾人研究中心同事,中心部分研究成果現已投放在語橋社資,希望令更多社會人士受惠。(圖片提供:ORKTS)

文了得,也愛讀瓊瑤、嚴沁、三毛作品,自問雙語能力不俗,於是選讀港大翻譯系,並獲錄取。豈料讀了一年便發現「中伏」。

「我以為我中文不俗,中學有修讀文學,但入到港大,卻被一本書擊倒。書名仍然記憶猶新。」她說,其中一科要學怎樣探究及欣賞一些中國文學翻譯,「我最記得這四個字『毛詩注疏』。」《毛詩注疏》這本沒有標點的詩經訓詁傳成為她大學一年班的噩夢。「加完標點都看不懂。」她苦笑。

她第二年轉往英文系。學科設計一方面讓她繼續學習鍾愛的英國文學,另一方面開始接觸語言學,嘗試用科學方法去分析語言結構。她形容,這種人性和科學兼備的訓練讓她畢生受用。

大學畢業後，她成為中學英文老師，教了 3 年。自言不怕蝕底，經常為學生補課的她始終想不通，為何有部分學生總是教不懂？到底學生在學習英語的過程出現了甚麼問題？她最後決定去英國繼續讀書，尋找答案。

Gladys 在訪問中提及兩本十分喜愛的書籍，分別是 Shakespeare 的名劇 *Hamlet* 和英國詩人 T. S. Eliot 的詩作 *The Waste Land*。

## 「我好慶幸出了去讀書，知道了學語言是甚麼東西。」

80 年代中期，她前往英國愛丁堡大學（The University of Edinburgh）攻讀應用語言學，研究第二語言習得（Second Language Acquisition），論文就是探討香港學生如何學英語。

在 Gladys 口中，語言學不單是一門科學，更是一種「處事思維」。

她反思道：「以前學生英語出問題，作為老師的自己便會抱怨是學生有學習問題。可是，語言學看重分析，這種訓練讓我意識到，要從語言學的角度去了解為甚麼學生會出現這些語誤，從而找出問題的根源。」她直言，沒有語言學的訓練，她可能還是那個遇上學生屢教不懂，會激氣大罵的 Miss Tang。

語言學的訓練，讓 Gladys 發現，為何大部分聾人語文能力那麼弱。對他們來說，進入大學的門檻極高，最後只能從事低技術職業。這不是因為他們愚蠢或力有不逮，而是他們很多從小就被剝奪可以通過手語接受教育的權利。

## 「我以前以為手語只是一些手勢。」

Gladys 與手語、聾人社群結緣始於中大。90 年代初，從英國回港加入中大英文系，她繼續外語習得的研究。此時認識了來自美國的音系學家伍德華教授（Prof. James Woodward）。「有一回聊天，他問我覺得手語有沒有音系？」當下她的答案是否定的，心想手語都沒聲音，怎會有音系？「我以前以為手語只是一些手勢。」

她將這條問題記在心裡，此後不時為伍教授做義工，落聾人社區，幫忙記錄香港手語資料。後來多了認識，再加上翻閱文獻，才開始發現手語其實也是一種有完整語法系統的語言。「原來手語真是有音的。」

學術上有新啟蒙，落區多了接觸聾人，亦開始讓她反思聾人的「命運」問題，「為何他們用手語溝通得那麼好，但普遍教育程度不高？」為這群無聲之士爭取平等教育權利，後來成為她埋首研究的使命。

## 開展「第二個博士」

90 年代中，最終讓 Gladys 放下自己以英語為本的的語言學研究，轉投手語研究，是因為伍教授離開中大，前往泰國協助籌辦一所殘疾人士大學。

「他臨走前將 10 箱香港手語記錄材料交給我。」伍教授臨離港「托孤」，她思考幾天，最後覺得既然手語都是語言，以前學的語言學理論是可以運用上的，決定全身投入，並開始認真學這門語言，細讀文獻，展開學術研究的新方向。「我覺得自己好像在讀第二個博士學位，

上：除了倡議手語雙語教育，推廣聾人文化都是語橋的使命之一。團隊會設計一些體驗活動，讓健聽人士了解視野豐富的聾人世界。（圖片提供：語橋社資 Facebook 專頁）

下：朱君毅（左二）是 2003 年創立中大手語及聾人研究中心後的首位聾人員工。Gladys 笑言自己的手語是師承對方而來。十多年來，朱不斷進修，希望日後可以正式成為中大手語老師。（圖片提供：ORKTS）

都好辛苦㗎。」她笑言。

Gladys 現在會打基本手語，如何「習得」？她透露，雖然一開始有找方法學習手語，但效果不彰，反而後來她聘用了第一個聾人研究員，幫她做研究工作，兩人毗鄰而坐，相處足足 4 年，這下才令她手語進步神速。

「他叫朱君毅，當時只有 19 歲，生於聾人家庭，所以他的手語真是我們語言學所講的母語，從語法研究而言，是正嘢。因為在聾人群體中，只有大約 5% 父母也是聾的，他們是真正的（手語）native signers。」說起這名中心第一號員工，她如獲至寶。

## 助聾人創造不一樣人生

Gladys 和團隊的工作改變了不少聾人的生命。朱君毅是其一，他當年只是個基層工人。Gladys 當年的學生、今天成為同事的施婉萍副教授在街頭發現朱君毅和姊姊打手語，細探他們的聾人背景之後介紹給 Gladys。朱之後獲聘為「模特兒」，拍攝做手語的相片。所以在不少 Gladys 撰寫的文獻，都會見到高大俊朗的朱君毅「硬照」。

原本只是打份工，但在 Gladys 的「推波助瀾」下，在十多年間朱君毅修畢高級文憑，再考入中大語言學系，去年取得學位。現在歲數差不多步入四字頭，還繼續在中大攻讀語言學碩士，「他希望之後可以在中大教學生手語。」Gladys 說，朱當年缺乏自信，有時對着健聽的她不夠自我肯定，「我要對他說，我雖是語言學家，但是你的手語

語感才是我的『波士』。」

朱君毅的同事、同樣生於聾人家庭的余煒琳（Brenda），30 歲出頭的她已經在中大手語及聾人研究中心教了 10 年手語。她為了提升教學水平，2018 年決定重返校園，半工讀香港教育大學（教大）的教育學士課程。為推廣手語，她曾跟朋友拍片用手語介紹港鐵站名，片段在社交平台廣傳。在團隊多年的研究和爭取下，中大和教大開始接收聾人學生，還提供手語傳譯。Gladys 對這兩所大學大加讚賞，希望日後有更多學校仿效。

## 手語遭貶百年終獲平反

Gladys 深信教育可以改變命運，但以往手語教育不被重視，聾人佩戴助聽器和學習讀唇，結果困難重重，更遑論上大學及改變命運的可能，「現在還有人說聾人中學畢業應該學一門技能如修甲，其實他們可以學更多。」

國際上，手語的地位一度被壓抑百多年，直至 2010 年才獲「平反」。1880 年米蘭國際聾人教育會議建議取消以手語進行聾人教育，這麼多年來，聾人被剝奪通過手語接受教育，以及聾人成為教師的權利。到了 2010 年，國際聾人教育會議才為他們對手語的誤解，向全球聾人社群公開道歉。

手語的價值終獲肯定，過去數十年豐富的語言學研究功不可沒。Gladys 和團隊早在 2003 年提倡手語和口語雙語教學模式。手語屬於視覺和多肢體運作的語言，口語則是靠聽覺運作的；雖然它們語法不

一樣，但研究證明是可以同時學習的。

正因手語有其獨特之處，最近研究更發現學習手語對大腦一些部位帶來刺激，即使其他有特殊需要或健聽孩子也有益處，難怪越來越多家長帶同幼兒參加語橋社資的雙語班。連同在香港保護兒童會轄下 5 所嬰兒園開展的手語雙語課程，已經有 700 多個健聽幼兒透過語橋學習手語。

## 「就咁一世？是否沒有辦法？」

與 Gladys 同行的不單是一班聾人同事，以及一眾健聽學生，還有曾在教育局工作 20 年、負責主流學校聾人教育支援、看着不少聾人成長的姚勤敏（Chris）。他在 2007 年辭職，加入 Gladys 聾健共融教育團隊，現在亦是語橋社資的董事。

為何辭官歸山城？他坦言，當年覺得灰心，「明明已經做了所有可以做的事，安排好了座位、調整了教學設計、學生戴了助聽器、後來人工耳蝸也安裝了⋯⋯這些技術支援做足，但仍然有許多（聾人）小朋友面對嚴重的溝通障礙，發展不到語文，就咁一世？是否沒有辦法？」他提到以口語為主的融合教育的弊病。

他不斷進修，心理學、教育、聽力學、輔導⋯⋯都解答不到內心這個疑問，直至發現手語語言學。「雖然有些聾童說話不行，但透過手語也可以發展中英語文、認知和社交，人生就可以有不同出路。這幾年終於見到成果。」他甚感安慰。

在團隊的積極爭取下，現在已有幼稚園至中學提供手語雙語教學，每

上：語橋不時研發新服務及產品，提升手語教學的趣味。（圖片提供：語橋社資 Facebook 專頁）

下：姚勤敏曾於教育局聽覺服務組工作 20 年，十多年前轉投中大，負責策劃手語雙語共融教育計劃。他手上的是 2007 年第一屆雙語幼稚園生畢業照片，別具意義。（圖片提供：ORKTS）

年支援超過 100 位聾童，還有與他們一同成長的千多名健聽學生，給他們一個快樂共融的學習環境。

訪問來到尾聲，有宗教信仰、不時將感恩之情溢於言表的 Gladys，為自己學術生涯作小結：「我回望自己這一生，我好慶幸自己讀到語言學，否則不會明白作為一個老師，要好人性化；作為一個研究人員，見到政府或者社會忽略聾人的需要，以及對手語的不公平對待，怎樣可以利用研究改變一些制度，令有需要的人獲益，改變他們的生命和生活。」

## 學人百科 _____

### 聾獲得（Deaf Gain）

不認識，就會產生誤解。你以為用「聽障人士」稱呼聾人代表尊重？2020年 3 月初在中大手語及聾人研究中心舉辦的聾意識講座，講者卻說「不了」，「聾人」正是最好的稱呼，因為代表你接納其身份認同、手語和獨有文化。

有學者甚至提出，聾不是「失聰」、障礙或損失，而是聽覺以外，「獲得」另一種感官和認知能力。例如他們一般比健聽人視野較廣闊，對人臉、表情、顏色、光線等也較敏感，發展出獨特的聾人藝術。別忘記，世界本來就是豐富多元的！

## 社創資訊 _____

### 語橋社資

創立年份：2016 年

資助計劃：中大可持續知識轉移項目基金（S-KPF）

社創 × 弱勢社群：鄧慧蘭

社企團隊：中大文學院副院長（研究）鄧慧蘭教授、中大手語及聾人研究中心高級課程主任姚勤敏

目的：以語言學研究和前線服務經驗為基礎，建立可持續的社會服務及社會企業項目，在溝通、教育和社會共融等層面推廣「手語雙語」，建立無溝通障礙的多元社會。

網頁：www.slco.org.hk

逃難經歷助長同理心，
倡關注聾人心理健康

06

「可以說，這些經歷讓我心靈變得強壯，有更強的同理心。我會覺得，當別人說自己有困難的時候，你不要批評人家為何不解決自己的困難，他背後可能有許多原因，是你不理解的。」施婉萍（Felix）教授歸結出，自己對弱勢社群包括聾人身心權益的關心，或許跟自己不一樣的成長背景有關。

星期四下午，我們來到「遺世獨立」的中大教研樓二座（近科學園），穿過婆娑樹影，走入大片草地前的白色大樓，Felix 的辦公室──中大手語及聾人研究中心就在其中。

## 由英國文學走向聾人研究

Felix 是中大語言學及現代語言系副教授，亦是手語及聾人研究中心的副主任。2020 年她跟心理學系的麥穎思教授合作，透過中大知識轉移項目基金（KPF），展開聾人精神健康社區計劃，包括建立具備手語雙語的心理健康資料庫，讓聾人理解「抑鬱」或「焦慮」等心理徵狀；透過故事工作坊，提升聾人的身份認同和精神健康。

作為健聽人士，也沒有聾人親友，究竟 Felix 如何走上聾人和手語研究的學術之路？故事要從大學本科說起。

她是中大校友，90 年代以「暫取生」（拔尖）計劃獲錄取入讀英文系。她坦言對修讀英國文學不太投入，「讀得有些辛苦」，反而語言學讀得津津有味，「學習語言學的過程中，讓我明白到，如果有些書會讀到打瞌睡，就證明不適合自己；相反，如果越讀越精神，那就是自己的興趣所在了。」她打趣道。

上：中大手語及聾人研究中心的所在大樓。（圖片提供：ORKTS）

下：Felix（右）曾是鄧慧蘭教授（中）的學生，現在兩人成為合作無間的同事，是推動手語及聾人研究中心工作的重要推手。（圖片提供：ISO@CUHK）

社創 × 弱勢社群：施婉萍

本科畢業後，她沒有接受母校校長的邀請返回母校當英文老師，選擇繼續攻讀語言學碩士，她本來是研究幼童學習廣東話的狀況，後來因為論文指導老師離開了中大，她有了轉題目的契機。

「那時我正好是 Gladys（鄧慧蘭教授）的教學助理，她問我有沒興趣研究手語，我很快就答應了。」她自言，自己對於人生方向，多是順水推舟，「從來不會說我一定要做這做那，反而順着自己的興趣，機會到了就會嘗試。」

她直言，攻讀碩士時才開始接觸聾人社群，當初出發點絕對不是甚麼偉大的使命感，反而是手語純粹的吸引力。

「那時看書和文獻，關於手語的 brain science 同 grammar 分析，覺得好有趣，是一門新的學問，手語跟廣東話和英語不一樣，原來聾人的世界是這樣看語言的，真是大開眼界。1998 年我開始學習基本的手語，真的由『一二三四』、『ABCD』、『爸爸媽媽』這些基本字詞學起。」

關於 Felix 找「名師」教手語的奇遇，我們早在鄧慧蘭教授口中聽聞過。她說過，當年研究中心第一位聾人研究員、罕有以手語為母語的朱君毅（Kenny），就是「Felix 在街頭找回來的」。

## 膽粗粗街頭找手語老師

Felix 為故事解畫。

「我讀碩士才開始學手語，第一位老師是弱聽的，他手語純熟，是一

名 late learner，後來看得越來越多文獻，知道最好都是要跟 native signer 學習一段時間，正如你學習其他外語一樣，於是我就展開了尋找 native signer 的旅程。有一日我去男朋友（後來的丈夫）家，夜晚離開的時候在巴士站見到一對情侶在打手語，我就放棄登上已到站的巴士，膽粗粗上前問對方可否教我手語。」

她形容自己當時有一股傻勁，就這樣交換了聯絡方法，沒想到對方原來真的來自聾人家庭，是不折不扣的 native signer。之後不時上那位女生的家學手語，還認識了女生同為聾人的弟弟，即後來成為研究中心員工的 Kenny。而 Kenny 亦由當日的地盤工人，經過多年的苦讀，不但完成中大學位，繼續攻讀碩士，還成為中大的手語老師，人生軌跡完全逆轉。

「我的手語程度有幾個 big jumps，其中一個就是經常跟 Kenny 去吃午飯，我教他英語，他會指正我的手語。語言就是這樣學回來的，只要多跟聾人做朋友，一定會有進步。」

她說，讀碩士是隨性的決定，讀博士卻是意志堅定得多。在 3 年碩士課程中，她目睹當年教育局官員對手語的誤解實在「難以撼動」（以往手語教育不被重視，聾人往往只能佩戴助聽器或讀唇），「明明手語幫到聾童學習和發展，但官員不理解，偏偏他們是制定政策的人。我覺得我要在學術上裝備自己，才可以改變體制。」

經過深思熟慮，她於 2000 年前往英國布里斯托大學（University of Bristol）攻讀聾人研究博士學位。她形容這次升學「決心好大」，因為她是先獲得劍橋大學錄取修讀英語第二語言相關的研究院課程，但

她放棄了劍橋的入學邀請，毫不猶豫走向聾人研究的方向。

如此取捨，外人或難以理解，畢竟劍橋是舉世知名的學府，家人有否微言？

「沒有，我從小父母都忙於為口奔馳，所以給我好多自由的空間，對我的決定沒有甚麼質疑。」她進一步分享不一樣的成長背景，如何成就今日心理健壯的自己。

## 走難經歷助變得硬淨

「你看我英文名串法（SZE Yim Binh）有點奇怪，其實我是越南華僑，在越南出世，我在 1976 年兩歲的時候，我們一家人才來香港。我爺爺本來很富有，在胡志明市的唐人區做水果生意，外號『蕉王』。1975 年北越軍隊佔領南越，正式統一越南，並開始大舉排華，廢掉原有貨幣，沒收華人資產，限制華人自由，爺爺跟其他富有的華人一樣，頃刻間盡失家財。」

1970 年中開始，大量越南船民湧入香港，幸運的是，Felix 的爸爸因為年少時曾到香港留學，取得香港身份證，他們一家獲港英政府包機接載回港，「當時絕大部分的華人要坐船偷渡離開，冒極大的風險，我阿姨和她男朋友的一家十幾口就這樣葬身大海。」她形容那段越南華僑被迫害、冒死逃難的歲月「慘絕人寰」。

「有不少華人家庭一夜之間所有金錢化為烏有，無法忍受越共的迫害，選擇在飯菜中落老鼠藥，一家大細一起自殺，聽到這些事，覺得

好震撼。」她兩歲就來香港，記憶不深，這些悲劇都是後來從爸爸媽媽口中得知。

越南難民議題一度困擾香港達 25 年，社會不乏歧視聲音。Felix 在高小初中時期，亦曾因為越南華僑這身份遭受同學言語騷擾，「騷擾維持了一段短時期，後來可能因為我讀書成績不錯，他們不敢再欺負我。這些經歷或多或少令我心靈強壯起來，學習面對別人的嘲笑，不會放在心上。可能因為我這個難民的背景，當我接觸弱勢社群時會有較強的同理心。」

## 聾人心理健康受忽視

這份同理心某程度上亦造就了這個聾人精神健康項目的出現，「在英國讀博士的時候，一位有心理學背景的同學曾經分享，一般健聽人覺得不會有壓力的情況，對聾人而言可能壓力是非常大的，不加留意就會忽略他們的需要。」

「例如當時在英國乘搭巴士，乘客上巴士時要告訴司機目的地是甚麼，司機才告之該付的車資，然而聾人不容易做到，與此同時後面有其他人排隊等上車，司機如果顯得不耐煩，聾人乘客會感到焦慮和有壓力。而有一些精神健康問卷，因為問卷的設計問題，令人不理解為何聾人坐巴士都感到壓力，容易因此誤會他們有嚴重的焦慮，而誤判他們有精神病，形成惡性循環。」

她指出，聾人面對上述雙重不理解，若果心理醫生欠缺有關訓練，只會以藥物解決，轉介他們去看精神科醫生，而不是通過理解去解決他

聲人精神健康計劃成員，施婉萍教授（左二）、麥穎思教授（右二），以及兩位得力助手 Kloris（左一）和 Ham（右一）。（圖片提供：ORKTS）

們實際的需要。

另一件事令她十分感觸的，是 2008 年的「李菁事件」。李菁被譽為「聲人狀元」，然而大學畢業後一直找不到工作，後來獲介紹來中大手語及聲人研究中心工作，「她自小在一個全口語的主流學校成長，面對相當大的壓力，加入我們中心前精神狀態已不太好，來到中心後她有努力融入打手語的聲人世界，可能在過程中免不了會感到挫敗吧。」她哽咽道出。

「她的離開，對我們中心的一眾同事來說是沉重的打擊。這件事令我深深體會到聲人精神健康的重要性，不希望同類事件再發生。」感召背後，Felix 強調年輕同事的推動亦十分重要，包括修讀輔導碩士課

程的劉紫蕾（Kloris），和攻讀臨床心理學碩士的朱憫謙（Ham）。

這個項目亦反映了 2003 年成立的研究中心裡面，幾代師生的傳承。28 歲、健聽的 Ham 在中大讀心理學本科時，無心插柳下上了 Kenny（中心第一位聾人同事）教授的手語班，感到眼界大開，自此不斷進修，成功當上手語傳譯員。她立志成為一位能夠用香港手語，向聾人提供心理治療的臨床心理學家。跟 Ham 食過一頓飯，聽她慢條斯理道出這份偶然產生的熱情緣起，令人大感佩服。

項目結合中大語言學系和心理學系的學術知識和經驗，Felix 和 Kloris 負責將心理學概念用手語拆解，以建立一個相關的手語資料庫。Ham 和麥穎思教授團隊則會提供一些說故事的工作坊，增加聾人與社區的接觸，一方面讓聾人「發聲」，「打」出自己的故事，另一方面提升大眾的意識。

分享完一些香港手語和聾人文化的小知識後，Felix 揹起書包急急腳離開，「我要到獸醫診所接回我隻寵物天竺鼠。」

## 學人百科 _____

### 眨眼斷句

Felix 提到，聾人及手語研究的範疇廣泛，「有趣的課題我都會研究」，包括亞洲手語如何婉轉表達性相關的概念，有多少健聽人的手勢（gesture）被手語正式採用，學習手語會否幫助長者改善認知和空間辨別的能力等等。

面部表情、身體擺動、眼神是聾人溝通重要的一環，「眼神好重要，一 break eye contact，代表他們想 disengage，所以聾人鬧交，擰轉面就得

喋喇。」「在句子之間，他們還會用眨眼來斷句，我發表過相關研究，結果好有趣，但分析大量眨眼數據的過程好痛苦。」她苦笑道。

## 社創資訊

**無聲世界：聾人精神健康計劃**

項目推出日期：2020 年 4 月

資助計劃：中大知識轉移項目基金（KPF）

項目團隊：中大文學院語言學及現代語言系施婉萍副教授、中大社會科學院心理學系麥穎思教授

目的：透過香港手語心理健康資料庫，為聾人提供精神健康資訊，以及簡短網上心理健康評估。另外一系列的工作坊將提升參加者對精神健康的認知。

鍾民祥

教育與心理研究專家

"Life-changing!"
受學生啟發，走近戰地
研難民創傷

07

「叫我 Man 就行了。」鍾民祥（Man）教授打開房門，欠身伸手與我們握手打招呼。辦公室內已經排放好兩張椅子，歡迎我們。

Man 是中大教育心理學系教授（已離職），訪問他這一日，碰巧東鐵列車出軌，可幸大家都沒受影響，準時現身。「不過上次就麻煩了。」他回想起 7 月另一宗東鐵事故。當日大學站附近因為工程車事故服務受阻，早上大批人潮在沙田站排隊等接駁巴士上班，筆者足足花了 4 小時才成功抵校，比平常多花 3 倍時間。

「沙田站又截不到的士，巴士人龍又長。我又趕時間。」Man 忽發奇想，「其實可以租單車踩回中大。才 40 元，平過坐的士。」結果僅花 20 分鐘，他就趕回學校授課。談到踩上斜路段，身上不見一點贅肉的 Man 擲下一句：「好輕鬆啫。」家住大圍的他笑言，日後或考慮多使用單車上班。

## 製心理健康教材　助滯港難民療傷

Man 不拘小節和隨機應變的個性或在多年海外生活練就而來。他在香港讀完中學之後往加拿大及英國升學，修畢心理學及哲學兩個博士學位。1990 年起在英國及阿聯酋教書 20 多年，2015 年回流加入中大。

經常把「interesting」、「fascinating」掛在嘴邊、笑容滿臉的他長期研究的課題卻是十分沉重，那是近日香港新聞不時出現的關鍵字「創傷後遺症」（Post-traumatic Stress Disorder, PTSD）。其研究對象包括殺人犯、車禍飛機失事目擊人士，以及逃避戰禍流離失所

Man（中）跟崔子揚教授（右）、研究助理 Gloria（左）和蕭鳳英教授（未有出鏡）開展了一個針對居港難民的心理教育項目。（圖片提供：ORKTS）

的難民等。「等資助批出，就會再去約旦、土耳其做難民心理研究。」

他和團隊也申請了中大知識轉移項目基金（KPF），為滯港難民及尋求庇護人士設計一套心理健康培訓材料，希望幫助他們紓緩心理創傷。Man 說，之所以對難民這課題產生興趣，是因為英國教書時遇上的一名伊拉克學生。

「那時候我有一個伊拉克 PhD（Doctor of Philosophy）學生。大家細談之下，我才認識到自己對回教和回教徒一無所知。我覺得他的 experience 好 interesting，習俗、行為、思想都跟中國或英國的人好不同，really fascinating。」那時伊拉克受美英炮轟，大量國民奔走逃難，「我從他（學生）口中聽了很多有關這場戰事的事。」

## 捨下鐵飯碗　勇闖中東體驗新事物

多數人對陌生事物保持距離，而 Man 卻是耳朵大張，顯得興致盎然，甚至令他心思思想衝出自己的安舒區。

「某日見到阿聯酋阿布達比一所大學請人，覺得幾有興趣，於是抱住『咪玩下囉』的心態申請。」誰不知兩日後即有面試，並很快成功獲聘。「那時候都有掙扎，畢竟英國的教職已十分有保障，除非犯法才會被炒，而新環境只有 3 年合約，始終會有擔心。」

最後新文化新環境的吸引力始終戰勝了求穩之心，他毅然接受新挑戰，展開了在阿拉伯國家的 5 年生活。「It's a life-changing experience」他回憶起 2010 至 2015 年間這段陽光充沛的日子，仍然流露興奮的神情。

新環境帶來許多新體驗，其中當地奉行伊斯蘭律法，男女學生要分開上課，不能接觸對方。「我教的心理學系是全女班，一開始十分緊張。有一次我要將一隻非常細小的 USB 手指交給一名女學生，我緊張到手震，生怕觸碰到對方。」他哈哈笑言。

## 難民危機中見人性光輝

生活在阿聯酋期間，正值敘利亞開始打仗，難民成為一個熱門議題。「大量難民逃到土耳其、約旦等國，非常接近阿聯酋。於是我向大學申請難民心理創傷研究，除了去土耳其，還去了瑞典，因為當時瑞典是歐洲接受最多敘利亞難民的國家。」

上：不少敘利亞難民未有入住土耳其難民營，而是散居於周邊的建築地盤或草草搭建的帳棚。（圖片提供：受訪者）

下：Man 的團隊在土耳其靠近敘利亞邊境地區做調研，有受訪者事後拒絕接受酬金，令人佩服。（圖片提供：受訪者）

社創 × 弱勢社群：鍾民祥

「最難忘是在土耳其,某日駕駛出門時,一名婦人敲我們車窗。她手抱一名嬰兒,比手勢示意向我們討食物。碰巧我的學生有一份三文治,就給了她。」在車上的 Man 觀察着,看見她回到坑渠附近的帳幕坐下,第一時間逐少掰給孩兒餵食。「她不是乞求金錢,只是求取食物!而且首先顧及的是孩兒的肚皮。」Man 形容那一幕實在令人目不忍睹。

他又回想起,有兩名敘利亞男子接受訪問後,堅決拒絕接受研究人員給的小額報酬,「他們雖然無錢,但表明不會乞求金錢。」Man 自言作為一個基督徒,但對當地人的伊斯蘭信念及其道德價值觀深感佩服。

## 崇尚多元文化環境

在外漂流大半生,在阿聯酋的教學生涯如此精彩,為甚麼會在 2015 年回流香港?「坦白說,如果沒有中大的聘書,我或許會繼續留在阿聯酋。」他強調十分喜歡當地舒適、陽光充足、國際化的環境。「想像一下聖誕節可以在沙灘享受早餐!」

阿聯酋是一個移民國家,近 90% 人口是外國人,因此順理成章,Man 任教的大學 Zayed University(扎耶德大學)儼如一個聯合國。「好 multicultural,學到好多東西。而且大學又很有雄心,十分支持研究。不過當然,你不可以隨便批評政府和伊斯蘭教。」雖然阿聯酋生活百般新鮮刺激,但考慮到年邁的父母,加上中大的吸引力,他在 2015 年選擇回港。

在香港，Man 的研究目標除了仍然聚焦漂泊在外的敘利亞、伊拉克難民之外，也包括巴基斯坦貧童、哈薩克斯坦大學生、中國殺人犯，以及一群在港尋求庇護人士。他和團隊在 2018 年申請了中大知識轉移項目基金（KPF），並跟本地難民組織合作，為難民設計一套心理教育培訓材料，希望藉此幫助他們紓緩心理創傷。

在中大踏入第四個年頭，2018 年校長模範教學獎得主鍾民祥教授似乎甚為享受這裡的教學，希望多留一段時間，「不過這裡差少少 multicultural」。他始終緬懷在阿聯酋，不同文化民族互相交流的校園。

## 學者以外的另一種可能

談到下一步計劃，自言十分熱愛讀理論、寫論文的 Man 除了希望繼續做研究，他亦在思考一些幫助心理創傷病人的可能性，「現在特別有需要。」他所指的是這個 2019 年人心躁動的多事之夏。

「在意大利 Trieste（東北部城市），當地政府關閉精神病醫院，改為安排病人到社區中心一起參與畫畫、種花等工藝活動，在過程中改善精神健康。」他認為香港可以設立一些類似的空間，給有各種創傷的市民一起學習及參與創作，成品可以出售，以建立一個可持續的商業模式。「如果之後可以搞一個這樣的東西，都幾 interesting！」

社創 × 弱勢社群：鍾民祥

## 後記

親身接觸驅使研精神分裂症　與病人種花教耍詠春

細談之下，原來鍾民祥（Man）教授是中途轉投創傷後遺症（PTSD）研究的。「我第一個 PhD 其實是研究精神分裂症。」他娓娓道出自己由香港前往加拿大、英國讀書，及後取得英國穩定教席之後，卻因為一名伊拉克學生的啟發，而跑到阿聯酋教書的歷險旅程。

跟心理學結緣，是始於一門「心理學入門」學科。「那時候爸爸媽媽想我讀經濟，有助將來搵食。我大學第一年都好聽話，因為甚麼科目都可以選讀，於是既選經濟學，又選心理學。」他很快確認自己不喜歡經濟或商業，但讀完心理學入門就覺得非常「interesting」。於是不顧父母反對，跟隨自己的熱情攻讀上去。

### 「喜歡跟他們聊天」

本來打算畢業後回港，最後卻因老師的提議，改變主意由加拿大轉往英國雪菲爾大學（University of Sheffield）攻讀心理學博士，研究精神分裂症。「其中原因是受我加拿大室友啟發，他有這個病，經常出現幻覺和錯誤認知。但我很喜歡跟他聊天。」

「有一次他（室友）走過來叫我去電視機面前，嚷着要我看電視。那是英國議會在辯論的畫面。他告訴我，那些議員在談論他自己。」顯然有點不對勁，但 Man 沒有感到害怕，反而覺得有趣，「好想知為甚麼他們會有這個 belief system。」他因此走到精神病院做義工，跟院友聊天種花，又跟一名病人同住了一年，進一步認識這個群體。

左：在阿聯酋教學期間，Man 曾經扮演阿拉伯學生，參加校內時裝表演。（圖片提供：受訪者）

右：Man 在阿聯酋樹影婆娑的校園內指導當地學生，學生拍下這一幕再傳送給他。（圖片提供：受訪者）

「有人以為自己是美國總統，有人以為自己是聖母瑪利亞。」

他強調，這些病人大多數是平和的。不過某次他獨自留在醫院，一名病人找上門，跟 Man 說：「我想打你。」不知從哪裡來的勇氣，Man 未有驚慌，反而邀請他入房，問對方「想如何揍他」。

Man 拿起一本電話簿，教對方手起擊落，反而令對方手足無措。「結果變了是我教他幾招詠春，成功將他的 aggression channel 變為 martial arts。」大部分人可能會嚇得掉頭走，Man 卻對之充滿好奇。

由英國移居阿聯酋

在英國首兩年，PhD 讀了一半，Man 一邊埋頭研究精神分裂症，一邊開始在英國找工作，為定居當地鋪路。他很快獲倫敦大學學院

（University College London）招聘為研究助理，並開始接觸 PTSD 病人。後來他轉到伯明翰大學（University of Birmingham）及普利茅斯大學（University of Plymouth）等教書，PTSD 成為他的重點研究議題。

正當他已經在英國取得穩定教職，「除非犯法，才有可能被革職。」他卻開始不安分。「那時候我有一個伊拉克 PhD 學生。跟他聊天後，我才認識到自己對回教和回教徒一無所知。」他對對方的文化、習俗、信仰等十分好奇，為他後來選擇到阿聯酋教書埋下伏線。

## 社創資訊

### 治癒創傷：為尋求庇護者及難民提供心理教育

項目推出年份：2019 年

資助計劃：中大知識轉移項目基金 （KPF）

項目成員：中大教育學院教育心理學系鍾民祥教授（已離職）、蕭鳳英副教授及崔子揚助理教授

目的：香港接收不少尋求庇護者和難民，團隊設計一套心理教育訓練課程，旨在紓緩創傷後壓力症（PTSD）患者病情，減輕其抑鬱、焦慮等症狀。

譚少薇

中大人類學系兼任副教授

推「多元文化」，寄語
年輕人擁抱世界

08

「香港人很喜歡去旅行，但其實世界就在香港，為何我們不去認識本地的多元文化？」人類學家大概都是專業的「講古佬」，正如《芭樂人類學》書中所言，跟他們聊天總是「妙趣橫生、別樹一格」，自言不怕死、愛到處闖蕩的譚少薇教授正是表表者。這場訪談，毫無悶場地進行了將近 3 小時，除了談及 9 年前開展的「多元文化行動計劃」，也分享她 30 多年前在蛇口做女工的「田野」歲月。

## 「渴望了解中國翻天覆地的轉變」

譚少薇（Maria）是中大未來城市研究所都市歷史、文化與傳媒研究中心副主任，及人類學兼任副教授，研究專長是族群關係和流動人口背後的社會文化意義。在香港土生土長的 Maria 之所以當上人類學者，可以說得上是「時代」的撮合。

「1978 年，『文化大革命』結束之後，中國展開『改革開放』政策，並推行『四個現代化』（工業、農業、國防、科技），我對現代化好感興趣。」從她「肉緊」的語調，或會令人錯以為「現代化」是甚麼巨星。

在那個「認中關社」（認識中國，關心社會）的年代，Maria 剛進入香港大學（港大）修讀社會學，師兄師姐都是熱血愛國青年，十分關注一河之隔的內地社會發展。她坦言當時深受他們的世界觀感染，「渴望了解中國為何會有這個翻天覆地的轉變。」不過在她正式踏入中國研究之前，她首先到世界闖蕩一番，在海上航行了 3 個月，將地球轉了一圈。

大學二年級，不時留意學校報告欄的 Maria，發現一個由「船王」董浩雲成立的獎學金，從中大及港大各甄選一名學生，資助兩人參加一個名為「Semester at Sea」的課程。她把握機會申請並成功獲選，9 月飛往美國三藩市登上「宇宙學府」號，與來自世界各地的青年人一邊遊歷一邊上課。

## 海上 3 個月的頓悟

「我們是真上堂的，課程由美國科羅拉多大學（University of Colorado）提供，我選修了在香港沒機會上的課，如藝術史和女性研究；我們會在不同港口上岸進行深度遊，譬如去到埃及，藝術史的教授帶我們遊當地古廟。去了十多個地方，大開眼界，也經歷不少文化衝擊。」雖然已是 40 年前的經歷，Maria 回想起來，仍不掩興奮。

「最大的文化衝擊是印尼皮影戲。它跟中國的完全不同，真是令人 O 晒嘴。我現在戴上口罩，所以你見不到我 O 緊嘴咋（笑）。它的藝術表達形式好厲害，有豐富深度的歷史，完全難以想像。我之前以為印尼是一個好落後的地方。」她說，這次「衝擊」讓她自此明白到，每個地方都有自己的發展、歷史源流，不應輕視，「我們要做的，就是認識和學習它。」

12 月結束海上學府旅程回到香港之後，未正式開學，她便積極參與義工活動。「前不久正值油麻地艇戶爭取上樓，我做了一些支援，並開始思考為何水上人會來到香港？人在流動的時候會幹些甚麼？他們有甚麼動機，因應甚麼情況做甚麼抉擇？我對人口流動產生了興

趣。」一個青年人類學「粉絲」就在這樣的背景下誕生。

## 「要多看 notice board」

當時仍是港大社會學系生的 Maria 又去看「機會處處」的報告欄，「所以我現在不時同學生講，要多留意 notice board。」這次她發掘到一個前往美國讀書的扶輪社國際交流獎學金，為期一年。她再次「中獎」，順利前往印第安納賓夕法尼亞大學（Indiana University of Pennsylvania）修讀人類學。

一年後，連帶之前修畢的學分，已足夠她取得這所美國大學頒出的人類學學位。「所以嚴格來說，我沒有在港大畢業。」對於青年時期的 Maria，不尋常才是尋常。畢業後一直希望到中大人類學系唸研究生班（當時只有中大有人類學），惟未等到開班，最後她再申請「東西方中心」（East-West Center）獎學金，前往美國夏威夷大學馬諾阿分校（University of Hawai'i at Mānoa）攻讀人類學碩士和博士。

## 成為奧巴馬母親的師妹

「（美國前總統）奧巴馬的媽媽都是夏威夷大學畢業的人類學家呢。」記者提起這個近期的小發現。「對呀，她（Ann Dunham）是我師姐，她專研印尼農村發展（因此奧巴馬童年也曾經小住印尼數年）。」Maria 表示，在夏威夷和美國本土均分別生活過，充分感受當地即使一國之內，都存在巨大文化差異。

Maria 當年跟來自不同國家的「東西方中心」獎學金得主一起籌辦國際嘉年華,作為對檀香山社區的答謝。圖中她參與由夏威夷原住民編排、述說夏威夷群島歷史的 Hula 舞蹈。(圖片提供:受訪者)

「美國有 50 個州,有高度自治。每個州幾乎都可以自成一國。我好慶幸自己在夏威夷讀書。當地是真正的多元,有好多好玩的文化。夏威夷亞裔人口超過 3 成,日本人以前來做種植園工人;華人也在甘蔗園和稻田工作,孫中山也曾在當地讀書,後來到當地為革命籌款。還有那裡是軍港,有好多士兵,不少是黑人,因為窮於是去當兵。」或許是「職業病」,每提起一個族群,Maria 總不期然為其追源溯始。

夏威夷在她口中是真正的文化大熔爐,相反,她指曾經居住的美國中西部,人們的世界觀相當狹窄,「居留一年(1981 年)期間,我唯一在電視見過的國際新聞是(英國)查理斯王子和戴安娜王妃結婚的消息。」

航海遊學 3 個月,讓她體會窮國也有深厚精緻藝術;留美多年,讓她知道即使富裕如美國,視野不出國界的大有人在。「在夏威夷留學,

收穫是多方面的。知識之外，是學習感恩、保持好奇心、欣賞多元，以及保有一顆關注公平、社會正義的心。」

她在夏威夷終於開始了最初令她着迷的中國現代化研究。

## 「她們想逃離農村，想要自由」

人類學看重田野調查，即要親身在研究地點生活及體驗一段時間，成為「三同（同食、同住、同勞動）」。1980 年代，對於「四個現代化」念念不忘的 Maria，選擇了中國第一個經濟特區試點——深圳蛇口工業區，作為研究對象。她在一所電子工廠做了一年女工，目擊在國家大政策下，個人如何受壓抑。

她憶起那個百廢待興、大興土木的 80 年代中國，「那時過了羅湖橋（只是一條木板橋）之後，滿頭大汗，周圍的人帶着大包小包，正回鄉接濟。我記得還要坐 45 分鐘小巴才到蛇口。當時『巴士』還是新稱呼，是模仿香港的叫法。車外經過的全部都是地盤。」

在塵土飛揚的環境中，她在一所高端電子工廠「掛單」，日幹 12 小時。Maria 表示，身處同一流水線的百分之百都是年輕女性。她們許多一心逃離農村，尋求「自由和自主生活」。結果呢？

「她們每日的工作就在顯微鏡前，將一條電線穿過只有三分一指甲大小的電路板，繞四圈半，動作不可以慢，一慢就會『堆機』。雖然有工會，不過是 in-house 的，主要是每年派福利，以及檢查女工有沒有月經，因為驚你大肚。」她表示，是次田野研究經驗讓她深刻體會

到，「向錢看的制度如何影響人」。

「現代化是有代價的，at what cost？受最大剝削的往往是女性。」自此之後，性別與社會流動成為 Maria 學術生涯的重點議題，包括 1990 年代的港男北上「包二奶」現象、性別與醫生、律師等專業事業發展的關係。

## 目光轉移在地文化

回港後 Maria 加入中大，研究「版圖」雖逐漸擴至印度、尼泊爾、孟加拉等南亞國家，聚焦的卻是當下的香港。「我對香港社會的人口流動產生興趣，不斷去睇『四圍走』的人，他們有甚麼動機，如何用自身能力改變環境……」研究過 97 移民潮之後，她將目光放在香港的少數族裔。

「香港是一個移民社會，印度人在 19 世紀、1842 年已經跟隨英國人來香港，有士兵、警察，但都有一批做貿易的人。尼泊爾人就遲少少出現在香港，1948 年英國人僱傭這批出名好打得、不怕死的尼泊爾人當兵（俗稱啹喀兵），專派他們守邊界及當時的越南難民營。」三言兩語，Maria 勾畫了一頁香港百年史。

她指當初正經做研究，但眼見這班在香港住了幾代的族群仍然受到不公對待，社會仍存偏見，她希望可以扭轉港人這種「仍然停留在 19 世紀的思維」。她認為單是寫論文，不足以改變現實，相信必須從日常生活開始，推動大家認識其他族群的文化，成為互相充權與改變的夥伴。

社創 × 弱勢社群：譚少薇

上：Maria 近年積極推動本地跨文化教育。（圖片提供：多元文化行動計劃 Facebook 專頁）

下：Maria 鼓勵港人參與本地不同民族節慶，跟不同文化背景的人交朋友，有助拓展視野。
（圖片提供：多元文化行動計劃 Facebook 專頁）

跟 Maria（左二）一同推動香港跨文化教育的還有鄧偉文博士（左一）、碧樺依助理教授（右二）和人類學畢業生李穎彤（右一）。（圖片提供：ORKTS）

在 2013 年開始，Maria 透過中大知識轉移項目基金（KPF），成立了多元文化行動計劃（ Multiculturalism in Action Project, MIA），冀從好玩的文化入手，鼓勵港人「暢遊香港」。

「香港人熱愛旅行，想認識世界，但世界就在這裡，為何不利用這個機會？」這句從人類學者吐出的對白，儼如是疫情下，香港旅遊發展局催谷本地遊的口號。

## 推廣足下好「風光」

MIA 除了培訓華裔和南亞裔年輕人一起成為文化導師、舉辦文化活動，多年來還出版過 3 本書。「第一本書（《我們在慶祝甚麼？香港

ICONIC媽媽廚房：
跨文化香港滋味
The ICONIC Mums Kitchen:
Tastes of Intercultural Hong Kong

編著：譚少薇、劉影翠、李穎彤
Editors：Siumi Maria Tam, Janice Ying Chui Lau,
Connie Wing Tung Lee

Maria 合編的跨文化叢書，內有由 30 個女性譜寫的 60 個食譜和故事，展示了香港豐富的民族飲食文化，而 fusion 菜譜則看出文化融合的可能性。（圖片提供：ORKTS）

的多元文化節慶》）介紹 18 個不同族裔的節日，讀者可以跟着本書在香港去過節。」她特別難忘有一年跟尼泊爾人到金山郊野公園過新年。另外兩本書則是介紹食譜和手工藝，既學手藝，也聽背後活生生的故事。

「這個尼泊爾女生好特別！」她送上一本《ICONIC 媽媽廚房：跨文化香港滋味》，揭到介紹尼泊爾哈爾瓦酥糖（Halwa）食譜那一頁，作者名叫「月亮官員」（ICONIC Mums 計劃成員）。「這名稱是她身份證上的真實中文名，很有意思的。」

Maria 解釋，女生的尼泊爾名字是 Chandrakala Adhikary，當初入境處職員問其姓氏 Adhikary 是甚麼意思，當知道是代表「官員」（Official），於是照譯（意譯）不誤。「而 Chandrakala 是月亮，

是當地常見的女生名字。」

她說，從姓氏可看出印度人和尼泊爾的種姓（Caste）制度裡的 4 個階級，跟結婚、工作密切相關，而且是世襲的。「官員」屬於第二高種姓；比第四層的還要低的是跌出種姓制度的「不能觸碰者」（Dalits / untouchables），他們經常從事最髒的工作。書中 30 個作者，訴說 30 個故事。

## 「香港社會價值單一」

從事社會文化人類學研究數十載，談起以上種種「旅程」，Maria 仍然十分雀躍，隔着口罩都感受到她骨子裡的探險精神。「是人類學訓練出來的，要解答社會文化問題，除了要找資料，還必須在地體驗、了解、面談，觀察，至少一年才可以取得（研究對象的）信任和全觀的資料。」

她寄語年輕人多到外面闖蕩。「美國年輕人慣常東西岸兩邊跑，但香港的不太願意走出去。這跟社會環境有關，香港社會價值、產業好單一，連父母都不想子女出去。不過我們人類學的學生不太一樣，畢業後好喜歡四圍去。一世人流流長，去一年兩年遊歷有何不可？」她直言，香港社會主流價值窒礙年輕人拓展視野和胸襟，「對社會一定不好。」

「要保持謙遜的心，明白世界好大。」是她給年輕人的忠告。

年輕時擁抱世界，在天主教學校成長的 Maria 表示，現在最享受的活

動，反而是隨時步入聖堂，坐下安靜己心，在紛擾的世界獲得內心的寧靜，從而思考再出發。「小時候不太喜歡，但現在覺得聖堂是一個好舒服、歡迎你的地方，好有安全感。」

## 學人百科

### 應用人類學

Maria 說，雖然傳統上人類學有四大分支（考古、體質、文化和語言），但一提到應用人類學（將人類學的研究方法及理論，用來分析及解決實際問題），分類則「千變萬化」，幾乎可以搭配任何專業。

*Cubic Zine* 曾經報道過「醫療人類學」，還有「環境人類學」、「設計人類學」等等。不少大企業、科企喜歡聘用「企業／商業人類學」人才，將人類學對人的洞察力應用在市場推廣、了解顧客行為、UX 設計、跨文化溝通及管理等工作。知名設計公司 IDEO 同樣借力於人類學家。「所以我們的畢業生不會找不到工作。」Maria 自豪地說道。

## 社創資訊

### 多元文化行動計劃
### （Multiculturalism in Action Project, MIA）

項目推出年份：2013 年

資助計劃：中大知識轉移項目基金（KPF）

項目成員：中大未來城市研究所都市歷史、文化與傳媒研究中心副主任及人類學兼任副教授譚少薇

目的：提升市民的多元文化知識及跨文化體驗，讓不同族群一起推動香港的正面族群關係。

何欣儀

麥穎思

蘇詠芝

王子昕

社創 × 身心健康
創
心
健
康

麥穎思

中大心理學系教授

「說書人」以人情味消除
精神病偏見與歧視

09

來到中大信和樓辦公室跟麥穎思（Winnie）教授見面，打開房門，Winnie 隨即放下手上工作，親切地跟我們打招呼。比起兩個月前見她，患病正接受治療的她又瘦了一圈，倒是精神不錯，仍是笑臉迎人。

Winnie 是中大心理學系教授，2015 年跟當年的學生、現為臨床心理學家李昭明（Amanda）成立「說書人 StoryTaler」，希望透過精神病經歷人士說故事的形式，推廣反歧視及關注心理健康。專頁憑着出色的插畫及貼地的文字，在社交媒體迅速引起不少人關注。

### 「感謝她帶我走出象牙塔」

「Winnie 一直對精神健康及反歧視做很多研究，自己十分同意她的理念，當時在思考可否再做一些落地的事。」Amanda 憶起 2015 年夏天的那份初心。

由大學本科開始，Amanda 一直跟隨 Winnie 做研究。2015 年攻讀臨床心理學碩士期間，有感坊間對於精神健康的討論太過「專業主導」，忽略復元人士的聲音，Amanda 於是向 Winnie 提議，邀請一班有親身經歷人士共同推廣當中理念，促成她們口中的「共建模式」。

多名「說書人」成為她們最珍而重之的義工成員。Winnie 提起這班素未謀面，卻為着同一信念無私付出，甚至幫忙撰文出書的同行者，更加感動至一時眼泛淚光。

「我很感謝 Amanda 帶我走出象牙塔。」言談間感受到一份深厚的師友之情。雖然自嘲出走象牙塔，Winnie 其實一直都在學界與社區

說書人當時骨幹成員：Amanda（左）、Winnie（中）及傅靖汶（右）。後者亦是 Winnie 的學生，攻讀臨床心理學碩士。Amanda 亦在 2019 年 9 月開始於中大修讀心理學博士。（圖片提供：ORKTS）

之間遊走，絕對不是「深山」學者，不過在以往的社區教育，她接觸的多以機構、學校等為主，「這次是首次直接面向大眾。」與民間直接對話，也是各界均需要學習的課題。

「偏見是源自不了解。」Winnie 指出。她引述研究指，透過親身接觸，以第一身視角，立體去了解一個「活生生的人」，最能有助破除誤解與偏見，以至歧視。於是團隊每年兩次舉辦「說書日」或獲邀到機構企業分享。

「我自己都有過精神病經歷。」在美國長大的 Winnie 表示，自己中學及大學時期曾經有過十年焦慮抑鬱，亦經歷過被歧視，很能體會復

元人士的感受，因此很重視在討論的過程，加入他們的聲音。「我是蠻不屑專業主導的。」身為專業人士的 Winnie 笑說。

## 重視文字的力量

「他們不是『case』，而是獨特的成員，每個人都有自己的故事，不同的感受。」Amanda 指出，她們明白文字的強大影響力，尤其說書人是「食 Facebook 大」的，因此她們對文字運用十分敏感及執着，確保一字一句符合理念。

例如她們曾經協辦一個情緒支援工作坊，名為「有種陪伴叫做煮個麵你食」，分享如何關心情緒受困的朋友。「我們不會說『幫你煮個麵』，因為陪伴不是一種『幫忙』，而是『同行』。」Amanda 表示。

Amanda 是撰寫貼文的主要「小編」，「我曾經一段時間手機卸載了 Facebook，因為覺得影響我精神健康。」但後來有感「小編」的觸覺減弱，於是又重新裝載。的確，Amanda 自言閒時喜歡瀏覽連登網，用字除了要求專業、考慮復元人士的感受之外，其貼近年輕人的潮語運用相信亦是專頁成功的要素之一。「我都學了不少中文。」Winnie 自嘲不時以為潮語是錯誤語法而鬧出笑話。

## 學者的換位挑戰

展望未來，說書人剛成立社企，希望運用商業手法繼續推動其理念。「其實都是一個大挑戰。」Winnie 坦言學術界的作風往往低調，

照顧人先照顧自己
Take care of yourself first

上：說書人 2018 年底在中環舉辦「I Am Not Fine Exhibition」，等入場觀眾排成人龍。（圖片提供：說書人）

下：說書人擅長以清新插畫配搭簡潔文字教育大眾，容易引起網民共鳴。（圖片提供：說書人）

社創 × 身心健康：麥穎思

不太標榜成就，但商業世界則相反。「我們不能太謙遜。」不過 Amanda 強調，她們亦不想效法某些公司「吹到好大」的路線，需要有個平衡。

提起可持續營運目標，除了希望增加企業及機構的培訓和工作坊，「我們希望說書人可以成為一個平台，讓一眾擁有不同天賦的有心人，發揮所長之餘，同時賺取有尊嚴的收入。」Amanda 表明公司未來願景。

訪問來到尾聲，談及 Winnie 病情，筆者戰戰兢兢，生怕觸及「地雷」。「我非常喜歡談論！」料不到戴着口罩的 Winnie 爽快答道。她說，由發現徵兆到確診乳癌，均在短短兩星期內發生。「坦白說，一開始有懼怕，但好快欣然接受。」「我以為 50 多歲才會有中年危機，想不到 40 多就有了。」

## 患病路上自我「知識轉移」

患病多月以來經歷過爸爸入院、自己要做學生證婚人等事件，令她體會人生自有起伏，沒甚麼大不了。她甚至形容感覺似是「rebirth」，因為同期有許多新的開始，包括成立社企、家裡裝修、建立新事物等。「生命都是無常的，下半生做自己想做的事。」她樂觀處之。

她開玩笑指，「這段時間將知識轉移至自己身上」，因為她會很喜歡「睇文」，她會翻閱文獻了解這個病，跟着建議做運動。心情未有太受病情影響，「反而是這段時間的社會事件好困擾我，我晚晚看現場直播（示威片段）。」

患病之後，醫生建議要多休息，Winnie 雖然減少了教務工作，但仍不時回校工作，在家也繼續回覆電郵，「做嘢反而會幫到我睡眠。」她強調仍然會參與說書人的事務。訪問完畢，她們繼續下一場討論。

**社創資訊** _____

**說書人 StoryTaler**

創立年份：2019 年

資助計劃：中大可持續知識轉移項目基金（S-KPF）

社企團隊：中大心理學系麥穎思教授和臨床心理學家李昭明女士共同成立，由一群有精神病經歷的人、臨床心理學家、正在接受心理學／臨床心理學培訓的學生，以及對精神健康有熱誠的有心人組成。

目的：推廣精神健康訊息，盼望透過親身故事分享，增加社區人士對精神健康的認識和消除污名、歧視、偏見及誤解。

網頁：http://storytalerhk.org/

何欣儀

中大心理學系助理教授

一趟「心旅」解煩憂，
推平民化心理健康服務

10

「你有感冒發燒會去看醫生，但你個心『感冒』，就不會求醫，為何？」中大心理學系何欣儀（Fiona）助理教授 2020 年 9 月初和兩位學生黃穎僖（Vincent）和林曉君（Eliz）來到中大山腳的 InnoPort「傾下偈」，談他們剛成立的社企「心旅」，也為精神健康被污名化、邊緣化大吐苦水。

當然，以上這道問題不是一個簡單答案就可以了事。在訪問正式進入深層議題之前，先「熱身」認識一下這個亦師亦友的三人組。

有別於一般常見大學師生組合，身兼臨床心理學家的 Fiona 不論在外形，抑或在談吐上，跟兩位學生完全「零代溝」。個性充滿活力的 Fiona 甚至比其餘兩人更「像」學生，訪問中途不時展現其調皮搞鬼的一面，惹得大家哄堂大笑。

## 「後勁凌厲」求學路

那麼年輕便當上心理學學系助理教授，以為她是尖子不斷跳級使然？非也。

「我中學幾乎科科都是補底班，中五會考讀理科，讀唔掂，化學、A. Maths 都肥咗。學校已經對你半放棄，唔教你嘢，只管叫你背精讀，連個逗號都背埋。」想不到，甫坐定，Fiona 便嘻嘻哈哈自揭年少「瘡疤」，毫不介意展示她的曲折求學路。對於剛經歷公開考試折磨的你，絕對勵志——這個世界不是一「試」定生死。

儘管迂迴，後來她經由副學士終歸考上大學，覺得心理學「幾得意」，

不需要讀心，從照片都能感受三人的珍貴友誼。（圖片提供：ORKTS）

於是本科開始修讀心理學，一路攻讀至香港大學，取得臨床心理學專業及博士學位，成為睡眠障礙、低密度（low-intensity）心理治療研究的專家。

少年失意，後來卻居上——人家讀博，動輒十年八載，她卻是以超人速度完成。

「是逼出來的。」她解釋，自己讀完 MPhil（研究碩士），隨即攻讀港大的 PhD with a Specialization in Clinical Psychology，即以臨床心理學為專業的博士學位。本來是 4 年的課程，但由於她已有研究碩士學位，因此獲學分寬免再縮減一年。於是她在 3 年內，除了完成一般需時 2 年的臨床心理學訓練及實習，最後一年還要拼命完成博士

論文。因此她對壓力管理絕對稱得上「駕輕就熟」。

## 尋回自己的價值

「我的背景跟 Vincent 很相像。」Fiona 隨即反客為主,開始「訪問」起兩位學生兼好拍檔。「他以前是壞學生,但現在竟然讀 PhD。」她指向坐在旁邊斯斯文文的 Vincent,讓他開腔分享自己如「TVB 劇情」般的經歷,透露他為何今日如此投入社區心理健康的推廣及研究。

Vincent 自言同樣年少不讀書,中學初期「精力旺盛」,曾因為爬上天橋頂玩耍後出意外,向後摔落重傷,一度陷入昏迷,「那時醫生對我媽說,你兒子捱不捱得過今晚,就得看他意志力了。好似電視橋段一樣。」這件事不但讓他成為新聞人物,亦造成他於受傷後的心理創傷,需要求助於臨床心理學家。

這不是他最後一次直面接觸精神問題,升上大專後他有一次參與「全港抑鬱指數調查」的義工服務,地點是在油塘屋邨,他負責邀請附近居民做問卷,「我來到一個涼亭,跟一個姐姐談話,她沒多久拿出手機,展示一張照片,是一個藥盒。她想我查一查這是甚麼藥。」

原來,藥盒是那媽媽從兒子房中的垃圾桶偷偷撿回來的,「我一查,發現是一隻抗抑鬱的藥。」Vincent 說,「姐姐那時猶如晴天霹靂,因為這個疑問埋藏在她心中已經年多,最後姐姐主動尋找當值社工幫手,他們得到適當的支援。」發生這件事後,他發誓要在心理學這方面發展,尤其希望在社區直接與人接觸,加強心理健康的推廣,增加

大眾的「resilience」（心理彈性）。

他的目標正好跟 Fiona 的不謀而合，加上經歷相像，難怪兩人能成為互相調侃的「朋友」。Fiona 博士畢業後短暫任職於教大，2017年加入中大，而 Vincent 在完成碩士後也加入了中大心理系攻讀博士學位。

「Eliz（中大臨床心理學碩士生）就跟我們兩個好不同，她是尖子！讀經濟、商科出身，之後做 Big 4（四大會計師事務所）、銀行，辭去高薪厚職走去讀 Psy（Psychology）！」Fiona 這樣介紹身邊安靜的 Eliz。

Eliz 的「挫敗」不在中學，而是大學畢業後。看似找到一份人人稱羨的厚職，但其實心底裡總覺得不太對勁。「畢業後開始尋找自己的方向，好羨慕那些有 passion 的人，我想做真心想做的事，畢竟人生有好長時間放在工作。」她憶起那段剛過去沒多久迷失的歲月。

雖然價值觀不吻合，她當時未有衝動立即「裸辭」，而是一邊上班，一邊做義工，並開始對心理學感興趣。在報讀過幾個短期心理學課程之後，她終於下定決心辭職讀心理學碩士。

不過，讀完碩士，不代表可以直上臨床心理學（Clinical Psychology, CP）碩士，取得 CP 專業資格，因為這門學科競爭激烈，港大和中大兩間大學每年總共只收 30 多名學生。「全港都只有 500 至 600 個臨床心理學家。」Fiona 直接點出本港心理健康專業服務不足的窘境。

「入到 CP 的人好少，投資卻可能好高。但她（Eliz）想清楚後都決

定試，證明她決心好大。」Fiona 說。

「所以現在讀到 CP，好感恩 Fiona 那時給了我好多鼓勵和支持。」Eliz 以溫柔的聲線道出其感激之恩。Fiona 在一旁裝出啜泣時吸鼻子的聲響，瞬間將溫情變笑料。

## Psychology in Action

Fiona 透露，早在 4 年前，她跟 Eliz 已經萌生出開社企的念頭。兩人甚至在繁忙的下班下課時間，在火炭火車站月台站着聊了個多小時，雀躍地討論「香港應該要有一個怎樣的 sleep centre」。

「一個專做 sleep 的 centre，因為社區失眠問題十分普遍，但其實可以透過心理治療改善，不需要食藥。那時候我們想得十分天馬行空，最好有一間 café，人們來到可以 tick tick tick（回應問卷），然後我們推介適合的花茶，還有一些 peer support groups（同行小組）。」Eliz 一口氣描繪了當初的社企雛型。

「但當然，講完就無了下文。」Fiona 說。然後大家各自離開月台回家。直至兩年後他們遇上一個非常「entrepreneurial」的心理學系畢業生潘凱琳（Karen），雙方互補不足下，終於化點子為行動。

「Karen 上了一科 Psychology in Action 的學科，她是少數上完堂交完功課，然後真的把商業計劃實行出來的學生。」Fiona 憶起當初「去馬」，好大原因是 Karen 答允處理商業的環節。

上：除了「傾 Psy」，大家討論起貓咪，同樣雀躍萬分。（圖片提供：ORKTS）

下：3 人在紐西蘭出席國際會議後到著名地標 Devonport 留影。（圖片提供：受訪者）

社創 × 身心健康：何欣儀

團隊最終透過中大可持續知識轉移項目基金（S-KPF）資助，於 2020 年成立社企「心旅」，將他們的研究轉化為「易入口」、「低門檻」但具實證支持的心理健康服務及生活化活動，特別針對希望提升心理健康和受輕度、一般精神障礙困擾的市民。

## 倡引入英國準專業模式

「香港心理健康服務出現的問題，其中一樣是資源錯配！」Fiona 指出，看 CP 45 分鐘索價約 1500 至 2000 港元，根本好少人負擔得起。此外，許多人只有輕微的焦慮或抑鬱症狀，只需要輕度的心理治療介入。

「這群受眾可以接受由中大心理系培訓的 PWP（Psychological Wellbeing Practitioner，「心理健康主任」）提供的低密度心理治療，每次大約 30 分鐘，見 6 至 10 次左右。價錢相宜得多。」她說 PWP 這套系統在英國是由政府帶頭推動，行之多年，非常適合本港醫療系統採納。

「心旅」還會提供夜間服務、視像或電話輔導，希望將心理健康服務普及化。Fiona 說，他們亦會推出一系列實證為本的「Lifestyle Medicine」（生活型態醫學）工作坊及小組，推動「養生養心」這概念，從預防的角度提升大眾的心理彈性。

「我們有睡眠、飲食、運動、壓力管理及中醫調理等等的小組。」Vincent 補充道。有一些活動更似是大家週末去鬆一鬆的興趣班，「最受歡迎的是禪繞畫和森林浴，一推出就好快滿額。」他們多番強調，文獻指出，生活方式對心理健康構成重大的影響，以上的綜合介入方

式均見效用。

團隊致力將心理健康或精神問題變得更加「入屋」，另一理由是想消除精神病污名化，說服大眾心理或精神疾病或許無異於感冒，都應該向外求助，毋須羞於啟齒。心旅的出現，正值社會有指出現「精神海嘯」，確實來得十分合時。

Fiona 和 Vincent 為了更顯專業，於 2020 年 11 月一起參加 Lifestyle Medicine 國際資格認證試。至於商業模式方面，他們說目前會集中走「B2B」方向，先跟企業合作，畢竟不少職場正是精神健康的「災場」。各人分工明確──Karen 負責推廣及營運，Vincent 負責小組服務設計，Eliz 則是財政大臣，另外還有兩位得力好幫手 Timmy（中大臨床心理學碩士生）和 Cherry（中大心理學學生）負責推廣和行政工作，Fiona 呢？除了腦汁，相信少不了「酒」水。

## 「強心」推介

訪問來到尾聲，筆者請 3 位受訪者各介紹一本心理學書籍。希望在逆境下的你能夠得到一些安慰與共鳴。

|《成為彼此的聆聽者》by 說書人

Fiona：「這本書教人學懂聆聽。身邊經常有人會表示：『我有個朋友如何如何，我不知應該說些甚麼。』我們好多時候太想立即回應，而忽略真正聆聽。我以前教書，會買說書人推出有關聆聽技巧的小卡片派給學生。但你現在就可以讀這本書取經。」

社創 × 身心健康：何欣儀

| 《快樂是一種陷阱》*The Happiness Trap* by Russ Harris

Eliz：「那時候我在讀 master，開始報考 CP，但第一次連面試的機會都沒有。」當刻心情當然不容易接受，「這本書幫助我面對。書中採納第三浪潮提倡的 ACT（Acceptance and Commitment Therapy，接納與承諾療法）心理療法，強調首先要認清你的人生目標，如果遇上困難，要思考可以做些甚麼，而又跟目標一致的，明白哪些事不到自己控制，學懂如何去接納。」

| *Mind Fixers* by Anne Harrington

Vincent：「作者是一個研究精神健康的歷史學家，這本書指出人們的心理健康與不同的環境因素都有密不可分的關係。因此，在提升和改善心理健康時，我們應同時考慮這些因素所帶來的影響，就例如 lifestyle。這本書讓我反思了現時心理健康服務需要改善的地方，以及在社區推廣 lifestyle 和心理健康的重要性。」

## 學人百科

### ACT 療法

訪問期間，他們不時提及心理學常見療法，包括 BT、CBT 及屬「第三浪潮」的 ACT。Eliz 直言以 ACT 為中心思想的書籍《快樂是一種陷阱》是她面對低潮時的有效慰藉。

甚麼是 ACT？根據 *Psychology Today*，ACT 是指面對心理困擾時，與其「控制」你傷痛的感受，更好的是透過理解情緒反應背後的原因，學會「接受」這些深刻的情緒。繼而練習關注當下的「正念」行為，並將焦點放在符

合個人價值的行動。「即在限制下活出自己的人生。」Vincent 解釋道。

## 社創資訊

**心旅（Wellness Travellers）**

創立年份：2020 年

資助計劃：中大可持續知識轉移項目基金（S-KPF）

社企團隊：中大社會科學院心理學系何欣儀助理教授

願景：我們相信，每個人都應擁有提升身心健康的機會。我們的使命是，將研究成果轉化為可靠的心理服務、提高大眾獲得心理服務的機會及促進公眾身心健康和生活質素。

網頁：https://www.wellnesstravellers.hk/

蘇詠芝

中大教育心理學系教授

結伴自閉兒童，
開創「星孩」新天地

11

「你們要不要咖啡？」我們約了蘇詠芝（Catherine）教授早上 10 時見面，可她一大早就傳來貼心訊息，盡顯其心思細密一面。但凡事總是一銀兩面，她在訪問中坦言，自己是個「過度敏感」的人，喜歡心理學，卻因太容易「上心」的個性，最後頭也不回，放棄當臨床心理學家想法，轉往學術路。

近年最令她上心的相信是一群自閉症兒童（《香港 01》報道，2018/19 學年確診中小學生達 9537 人）。Catherine 自 2016 年開始設計多個項目，利用機械人，以及後來的小兒推拿療法，改善這群「星孩」（自閉症童的別稱）社交及情緒等問題。Catherine 更成立社企「智趣伴星途」，將多年研究心血帶到學校或社區，讓更多「星孩」直接受惠。

## 中學初遇心理學

Catherine 是中大教育心理學系教授，香港土生土長的她早在中學時代已經接觸心理學，並為之着迷。「初中時想過讀建築，但中學會考數學『炒了』，於是預科只能選讀心理學。」傳統名校出身的她，對於成績要求有自己的一把尺，「原本（會考）預期 7 科 A，但結果只有 21 分，以最低門檻升讀原校。我媽甚至害怕我會自殺。」她輕輕說道。

一次讀書「失利」，或許讓她建築夢碎，但卻讓她尋回讀書的意義。「中六開始修讀心理學，一開始好像是被迫，但料想不到一讀就愛上。我是一個 over-sensitive 的人，有好也有不好處，有時會想太多。（我

白板上這幅「自畫像童畫」出自其中一個「星孩」手筆,是小女孩等待接受療程時的「隨筆」,蘇詠芝教授把它掛在辦公室多年,是她學術生涯的重要印記。(圖片提供:ORKTS)

會想)為何會發生這件事,為甚麼人會這樣做。這就是心理學,the scientific study of human mind and behaviours。」她一口氣道出人生其中一個重要轉捩點。年代或遠去,記憶卻鮮明。

她表示,心理學更改變了她讀書的技巧。「以前會考只是死背爛背,都不知背來做咩。」因為喜歡這科目,因此預科對於 Catherine 而言,不再是「死背爛背」,而是多了分析,「讀勁多理論,但我好喜歡。」摸清了讀書的意義之後,這次她順利考上了中大的心理學系,並一直攻讀至芝加哥大學(University of Chicago),取得心理學博士學位。

## 性格太「上心」

為甚麼不當臨床心理學家（CP），而走學術路？她直言：「我個性不適合。好容易因為別人一兩句說話而受影響。」她說，一年級時到沙田醫院實習，隔着拉簾聽到醫生見一個焦慮症病人，那病人不斷問醫生見不見到身上「有嘢跳下跳下」。「我回家後也思疑是否有嘢跳下跳下。」她笑說。

一份病歷表，最終讓她完全打消從事臨床工作的念頭。「那時要幫醫生整理文書，打開一份已經結案的病歷表，是一個患了精神分裂症20多年的病人。廿年間他出出入入醫院，最後卻從橋上跳下去，這樣終結了（生命）。」

她坦言覺得好灰心，「原來個病不會好。當然有其他正面的例子，但一兩個這樣的個案，我就會經常想着。我沒有這樣的個性去處理這些情況。」她立即放棄做 CP 念頭，直奔研究之路。

大學畢業後，自言擅長分析的 Catherine 繼續「考博」，惟過程不是一帆風順，第二次才申請成功，獲芝加哥大學一位有「手勢（Gesture）研究之母」之稱的教授 Susan Goldin-Meadow 接納，追隨對方研究「手勢」這種特別的溝通系統。其博士論文是研究中國人、土耳其人和英國人說話跟運用手勢的關係。「探討會不會有文化差異，有甚麼特質是通用的。」

## 從手勢見微知著

取得博士學位後，她獲新加坡國立大學（National University of Singapore, NUS）聘用，繼續 gesture 方面的研究。獅城是一個雙語國家，鼓勵學生以英語為第一語言之外，同時要學習自身的母語。

「我們研究時發現，新加坡人說英文時手勢會比較多。」不過她強調，手勢多與少不是其研究重點，而是手勢背後會否補充了一些沒講出口的訊息。「從手勢可以看出一些很細微的東西，是口語沒有的。」

如是者，Catherine 在新加坡度過了 5 年，惟未到七年之癢，便開始質疑自己做研究的價值，「開始覺得悶，又不知論文有沒有人讀。」她坦言，NUS 有「獎勵」的機制，發表一定數目論文有獎勵，「好像變了出論文只是為了獎金或加薪」。

正當在星洲的學術生涯出現「價值危機」之際，改變的機會來了。

「家人想我回家，於是急忙找新工作準備回港。」她應徵母校中大教職，其中要求她教授關於特殊教育需要（Special Educational Needs, SEN）的課題，於她而言是全新的領域。她於是發揮「會考精神」，「我啃了 3 本教科書」，成功通過面試。

## 回港始與「星孩」結緣

以老師身份重回中大，要執教一科自己不熟悉的課題，對 Catherine 而言，是挑戰，亦是改變、突破研究樽頸的機會。她開始思考如何將

櫃內存放了新一代由日本電氣公司（NEC）製造的機械人，研究團隊平日會在這間房為孩子提供訓練。（圖片提供：ORKTS）

自己多年的 gesture 研究與 SEN 結合。

「要持續下去，你不可以研究一塊，教書則是另一塊。」於是在十大主要類別的 SEN 當中，她特別挑出自閉症作深入研究。「自閉症兒童的 gesture 好差，比其他 SEN 少，甚至比唐氏綜合症更差。」

選定新研究方向後，自 2016 年開始，Catherine 透過申請中大知識轉移項目基金（KPF），展開了多個介入自閉症的社區項目。她碰巧遇上一個特別想做介入的 EdD （教育博士）學生，兩人一拍即合，開始以機械人擔當「小老師」，透過一些重複的情境演繹，改善病童行為及情緒表現。

上：Catherine 和張建國醫師合作，以小兒推拿療法介入自閉症治療。（圖片提供：ORKTS）

下：張建國醫師 2019 年 5 月對外講解小兒推拿治療自閉症的療法，他最想家長掌握手法後，在家為孩子做推拿，惟承認並不容易。（圖片提供：中大 rabi 與小兒推拿自閉症治療 Facebook）

社創 × 身心健康：蘇詠芝

「有一些自閉症兒童感統（感覺統合）有問題，如果覺得吵，例如聽到打雷，會大力拍打自己頭部。有學生因此頭骨變形。我曾經接觸過一個學生，他兩邊頭骨凹了（因長期拍打）。但當中有學生看過多次機械人示範打雷時掩耳動作之後，學懂了『掩耳』這手勢，減少了自傷行為。」

普通人最怕聽「人肉錄音機」，要聽「人話」，自閉症患者則不願意與人接觸，「他們特別喜歡機械的東西。」2018 年起，Catherine 團隊與日本電氣公司（NEC）合作，使用對方的機械人，取代之前沿用的法國機械人 NAO，配合她設計的程式教材，入學校教 3 至 18 歲患者各種社交技巧。

## 與中醫師推小兒推拿療法

手勢研究是 Catherine「老本行」，她亦夥拍中大中醫顧問張建國醫師（現為中大中醫學院中醫專業應用副教授），將另一種「手勢」——小兒推拿——應用在自閉症治療。據其研究顯示，小兒推拿確實有助提升患者整體認知及情緒表現。他們更推出教學短片，鼓勵家長學習這門手藝，回家幫孩子做。不過 Catherine 承認，基於各種原因，「不是許多家長會配合，60 多個有 10 個會做。」

訪問下半場，變成一課「谷阿莫」式的小片「東方文化史」，饒有趣味。Catherine 自小接受西方教育；拍檔張建國醫師卻是山東土生土長，自小沉浸東方文化的推拿及氣功專家，席間分享了一些來港後的「衝擊」，並大談養生之道。

張醫師 2004 年離開任教多年的山東中醫藥大學附屬教學醫院，來港加入浸會大學；2013 年轉任中文大學中醫學院專業顧問。說起自己熟悉的專業，他十分熱情，語速極快，有一兩處更要靠 Catherine「翻譯」，這時張醫師才恍然說：「唉，我是不是說太快了？」

## 與孔子同鄉

他來自「名士多」聞名的濟南，「山東的東方文化濃厚，是孔子孟子的家鄉。而中醫是東方文化的一部分，講究順應自然，治心調氣，補虛瀉實，達至中和。」他說，自己接觸中醫的基礎相對較厚，受一個醫術「特別神奇」的老中醫啟發，加上當校長的父親也想他從事這專業，促使他大學決定攻讀中醫藥。

輾轉來到中大，他特別想將小兒推拿在香港「發揚光大」，找來擅長分析研究的 Catherine 合作，測試介入自閉症的療效。

「一開始看到這麼多自閉症個案，太衝擊了！」言談間他眉頭緊鎖，一副不忍的樣子。他坦言，2004 年之前在內地從未聽過自閉症這種病，來到香港後始接觸這群體。「好多家庭承受好大的苦難，出現家庭不穩定。」他希望能夠找到有效合適的中醫治療方法。

Catherine 補充指，內地在 2010 年後才有較為系統化的自閉症研究，現在全國只有 2 至 3 間國家級醫院可以做全面性診斷。（《香港 01》報道，內地自閉症權威醫師鄒小兵教授估計，2019 年全國可以診斷自閉症的兒科醫生大概只有 300 至 500 人。）

社創 × 身心健康：蘇詠芝

張建國醫師贈送蘇詠芝教授一幅「天道酬勤」字畫,寓意對於她的勤奮,上天會予以報酬。
(圖片提供:ORKTS)

## 保健養生法

除了熟練小兒推拿,清瘦矯健的張醫師亦是氣功專家,那現在還會練功嗎?「會!我每早 7 點鐘都在九龍公園練功,風雨不改。」暖壺熱茶隨身的他稱,自己還會作「禪跑」,不聽歌小步跑一小時,「呼呼呼、吸吸吸。」他立即脫下外套,在課室內示範跑步姿勢。

被問到平日會否效法張醫師的養生之道,Catherine 立即耍手擰頭,「我不行的,我腦子不可以不想事情,做運動我都要開着電視。我通常只會在感到感冒要發作時,才去找他(張醫師)執兩劑。」跟大多數都市人一樣,要達到張醫師口中「身體平和」的狀態,還有點路要走。

訪問來到尾聲，我們參觀了 Catherine 的辦公室，門口掛了一幅寫上「天道酬勤」的書法，正是出自張醫師手筆，反映張醫師眼中的 Catherine 為人。小時候的 Catherine 是父母眼中，讀書失手怕她會自殺的小女孩，那長大後呢？

「她太可怕了，她任何時候都看書！」。張醫師用帶山東口音的普通話激動回應。看甚麼書？原來也離不開研究，剛從台灣度假回來的她，去書店買了一本《家有青少年之父母生存手冊》的書。這也很適合當下香港社會讀的一本書。

## 社創資訊

### 1. 智趣伴星途（STAR）

創立年份：2019 年

資助計劃：中大可持續知識轉移項目基金 （S-KPF）

社企團隊：中大教育心理學系蘇詠芝教授

目的：透過專業的評估、治療、輔導及社區教育，並應用創新技術協助自閉症兒童及家長；致力進行科研，並建立大數據，為自閉症兒童設計和實施個人化的干預措施。

網頁：https://star-autism.com/

### 2. 妙手致慧：小兒推拿改善自閉症童認知力

項目推出年份：2018 年

資助計劃：中大知識轉移項目基金 （KPF）

社創 × 身心健康：蘇詠芝

項目成員：中大中醫學院中醫專業應用副教授張建國醫師、中大教育學院教育心理學系蘇詠芝教授

目的：自閉症兒童在社交和學習方面挑戰重重，團隊採用新穎的小兒推拿療法，有助改善他們的身心狀態。

王子昕
中大賽馬會公共衞生及
基層醫療學院助理教授

由北大至中大的
公共衞生學術路

12

王子昕（Johnson）教授的辦公地點不在中大本部，而在環境同樣清幽的威爾斯親王醫院內的公共衛生學院。他辦公桌上擺放一疊疊文件和文具，整齊有序；電腦旁邊座着一副相架，是他女兒的相片。「現在一歲多了[1]。」談起家中這名小寶貝，臉上盡顯快樂之情。

他說，現在的作息時間都很視乎女兒的睡眠情況，「她起床，我就要起。她比較愛黏我。」看到 Johnson 一臉自豪，就知道他不會是個為了做研究，把家庭擱在一旁的工作狂爸爸。他甚至「犧牲」個人興趣：「為了她，現在砌（飛機船艦）模型的時間都少了。」不過談到他透過中大知識轉移項目基金（KPF）開展的愛滋病自助檢測項目，他雙眼同樣發光，滔滔不絕。

## 《聖鬥士星矢》與沙士

Johnson 是中大賽馬會公共衛生及基層醫療學院助理教授，在北京大學（北大）公共衛生學院本科及碩士畢業；2010 年來中大攻讀博士，畢業後順理成章留校繼續研究工作，並跟北大兼中大同學共諧連理，成家立室，今年居港已經 12 年。「為甚麼你廣東話說得那麼好？」不是客套說話，Johnson 的粵語的確十分標準，幾乎不帶外省口音。

「因為我在深圳出生、長大的。」他透露，小時候在深圳經常能看到「香港台」的動畫片，《聖鬥士星矢》、《叮噹》、《美少女戰士》等等，「我是看香港的動畫學廣東話的。」不過他強調自己跟本地人的口語還是有段距離。「原來你是看《美少女戰士》學廣東話的。」筆者開玩笑道。他哈哈笑叮囑：「這句不可以寫出來呢。」

日本動畫將 Johnson 和廣東話連繫起來，而 2003 年沙士病毒爆發一疫，則將 Johnson 拉進公共衛生學術之路。「那年沙士爆發，每日從新聞聽到香港死亡人數更新。」他形容，因為這次疫情，那時內地有許多學生想讀醫科，「當時大多數內地人首次對公共衛生有了概念。」自認勤奮讀書的 Johnson 認為，公共衛生專家或許比從醫更有影響力，因而以此為願，成功考入全國頂尖學府、北大的公共衛生學院，並一口氣在北京度過了 7 個寒暑，讀畢碩士。

「北大畢業後，我又想，讀了這麼多書，怎樣可以將知識直接應用到社區。」不過在他開始將研究應用至受惠者之前，自言十分鍾愛研究工作的 Johnson 決定繼續攻讀 PhD。他留意到中大的劉德輝教授（現為榮休教授）在健康改善及促進方面的工作「做得好好」，於是選擇回到南方，師從劉教授研究愛滋病防治工作。「很幸運成功申請到 PhD。」這名尖子謙遜表示。

## 情理兼備推愛滋預防服務

Johnson 專攻愛滋病預防研究，「那幾年有不少相關的突破性研究出現，但許多潛在受惠者都不知道。」其中一項突破性研究是指，男性進行了俗稱「割包皮」的包皮環切手術，能減低感染愛滋風險超過 50%。他於是以家鄉深圳為試點，夥拍內地醫院向男性病患者作推廣。

「我們首先接觸服務對象，了解他們對割包皮手術的態度，之後由他們的角度設計推廣計劃，包括 10 分鐘的短片、十多分鐘的輔導。」

上：Johnson 一直在學術圈打滾，笑言「競爭大、壓力不少」。他透露砌模型是其興趣及減壓方法之一。（圖片提供：ORKTS）

下：Johnson 的團隊包括巫潔嫻副教授（左）、研究助理 Mary（右）和劉德輝教授（未有出鏡）。（圖片提供：ORKTS）

他指出，這個計劃效果理想，「接受上述的服務之後，有 20% 的對象以市價做了這個手術。」

除了包皮環切，愛滋病毒檢測亦是有助減低感染率的有效做法。但礙於擔心「被污名化」，即使是高風險的群體「男男性接觸者」，他們接受檢測的比率亦十分低。雖然市面上已有類似「驗孕棒」的自助檢測工具，但 Johnson 指出，「這些工具使用方法不一」，加上未能照顧到用者的心理需要，所以亦有其不足之處。他跟團隊於是申請中大的基金，設計了一個結合用家「理性及情感」需要的自助檢測服務，並跟關注愛滋團體合作試水溫。

## 「他們最討厭見到醫生講嘢」

「我們跟他們（男男性接觸者）訪談，知道他們的想法。有些人講明最討厭在短片中見到醫生，希望是由『圈內人』把口道出。」於是團隊找來「圈內人」拍攝短片，講解檢測的好處及流程。有人擔心檢測棒寄到家中會被家人拆開，團隊於是將工具寄到便利店由用家領取。

團隊除了提供工具，還有即時的網上專業輔導。「我們第一個輔導員是十分關注這個圈子的資深護士，她雖然是女士，但好多男同志都很喜歡跟她聊天。」用者通常喜歡在半夜做檢測，輔導員會透過即時通訊工具陪伴對方，特別是給予心理支援。

「最難忘是第一個驗出陽性的個案，也是半夜驗出的。輔導員與對方聊了一個多小時，翌日我們轉介他予相關組織，再安排到診所正式檢驗。」

社創 × 身心健康：王子昕

威爾斯親王醫院是 Johnson 日常埋首研究的地方。他希望將醫學界最新研究成果,有效推廣給實質受惠者。(圖片提供:ORKTS)

讓 Johnson 感到欣慰的是,夥伴組織接收了這套服務,再加以調整,成為自己的服務。雖然要收費約 200 港元,但願意付費的大有人在。「我們做這麼多前期功夫介入(醫療問題),最終目的就是想在我們退場後,有人可以 pick up,這樣才可以 sustain impact。」他提起一個內地的關注愛滋病組織「嶺南伙伴」,欣賞這組織已有一套相當成熟的自助檢測服務,服務以萬計對象。

## HPV 病毒不是女性獨有

除了 HIV 預防項目,Johnson 亦針對人類乳頭瘤病毒(Human Papillomavirus, HPV),設計類似服務,鼓勵高風險的男男性接觸

者接種疫苗。「不單止女性有機會感染 HPV，男性也一樣會！」他說，這種病毒還會引致其他性病及癌症，包括俗稱的「椰菜花」（尖銳濕疣）和肛門癌。「但外界一般將這種疫苗稱為子宮頸癌疫苗，那麼男性當然不會理！」破解坊間觀念謬誤，亦是其目標之一。

為了說服男同志接種疫苗，除了同樣找來「圈」內人拍片推廣，「有些人表明不喜歡跟女士一同排隊等打針，於是我們跟診所合作，特別設計只限男性時段，避免他們感到尷尬。」加入如此人性化的設計後，200 多個服務對象當中，有 15% 打了 3 針疫苗。反應不似預期？原來是供應不足導致。「原本應該更多人願意接種 HPV 疫苗，但由於唯一的生產商默沙東藥廠當時缺貨，停止供應 9 個月，3 針由 3000多元一度炒至上萬元。想打也不容易打得到。」

設計了這麼多促進疾病防治的服務，一直埋首學術研究的 Johnson坦言有想過將它們綜合起來，提供一站式的非臨床醫療套餐給有需要的群體。「不過我不太懂商業。」他笑言。長期關注愛滋病及「男男」群體的他說，未來亦會開始開展內地流動工人精神健康、生活習慣方面的研究。

## 學人百科

### 1. 涼山貧與病

除了廣東省，Johnson 表示自己亦有去過同樣飽受愛滋問題困擾的四川山區涼山做研究。涼山是自治州，有 400 多萬人口，以少數民族彝（粵音：兒）族人為主。由於位處地勢不平的山區，而且靠近以販毒聞名的金三角地帶，

當地吸毒以至愛滋問題嚴重，是 Johnson 口中「貧窮與愛滋並存」、「每10 個人就有一個感染」的悲苦之地。台灣醫學人類學家劉紹華 2013 年出版《我的涼山兄弟》，記錄了她歷經 10 年、長達 20 個月的田野調查。書中將海洛英與愛滋比喻為當地男性的成年禮。

## 2. 男男性接觸者

Johnson 開展的 HIV 和 HPV 項目，服務對象是「男男性接觸者」（men who have sex with men ／ MSM）」。這個名稱不是傳媒常用字眼，筆者好奇問：「為何不直接說男同性戀者？」他解釋，男同性戀者是以性傾向定義某群體，涉及情感因素，但「男男性接觸者」即以行為界定，即男性在特定一段時間內跟同性發生過性行為。「男男群體中包括同性戀者，亦有雙性戀者，甚至異性戀者。即是男性聲稱喜歡女性，但亦有跟同性發生性關係。這都有可能。」

## 社創資訊 _____

### 1. 愛滋檢測：「男男」願意付費的自助檢測服務

項目推出日年份：2019 年

資助計劃：中大知識轉移項目基金 （KPF）

項目成員：中大賽馬會公共衛生及基層醫療學院王子昕助理教授、劉德輝教授及巫潔嫻副教授

目的：團隊以實證設計一套愛滋病毒自助檢測服務，附帶檢測工具包、實時指導以及輔導。

### 2. 預防 HPV：助「男男」性接觸人士注射疫苗

項目推出日年份：2018 年

資助計劃：中大知識轉移項目基金 （KPF）

項目成員：中大賽馬會公共衞生及基層醫療學院王子昕助理教授、劉德輝教授及巫潔嫻副教授

目的：團隊利用心理學理論，結合「動機式訪談」（Motivational Interviewing, MI），以及與「同性戀友善」的診所合作，提升本地 MSM 群體接種 HPV 疫苗的比率。透過外展及轉介，合適對象會接受 20 分鐘的健康推廣「套餐」，包括觀賞 5 分鐘的網上短片和 15 分鐘的電話訪談，完成後會獲贈 HPV 疫苗 10% 折扣優惠。

[1]  編註：訪問於 2019 年進行，現為 4 歲多。

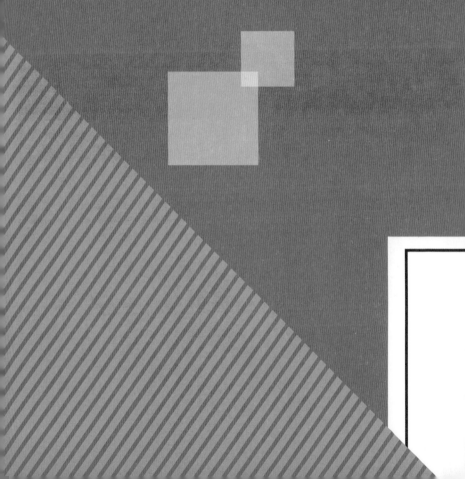

伍美琴

馮應謙

師兄妹

社創 ×

人與環境

崔佩怡

毛家謙
中大建築學院助理教授

高家揚
中大賽馬會老年學研究所
註冊建築師

師兄妹「築」建

Happy Ageing Lab

13

「『Building』（大廈）和『architecture（建築）』的分別，就是後者能夠觸動人的內心。」身處中大建築學院、披上深藍唐裝外套的毛家謙（阿毛）助理教授朗聲一笑，引用現代主義建築大師 Le Corbusier，解釋心中的「建築之道」。

他強調，建築並不僅於實體環境，更可以造就「人與空間之間，一場內心的交織」。

在細談建築的不同「境界」之前，讓我們先來認識阿毛和高家揚（Rina）兩個系出中大、笑容同樣「好似太陽咁溫暖」的建築師。前者在中大建築系任教；後者既有會計師牌，又有建築師牌，偏偏在 2018 年離開知名瑞士建築公司，叩門加入中大賽馬會老年學研究所，大幅減薪當起研究員。

兩人「後生細仔」，為何會捨棄大好專業，反而熱衷於研究，尤其是「老年學」？他們更在中大「可持續知識轉移項目基金」（S-KPF）資助下，創立了社企 Happy Ageing Lab（樂齡實驗室）。究竟建築如何影響長者健康，老友記可以如何優雅地老去？他們又想改變些甚麼？

## 從「好行」香港開始

開社企的概念，早在兩人合作「小松隊」時已經萌芽。小松隊提倡一個促進「健康樂頤年」（Healthy Ageing）的香港，徵召一班長者，學習城市規劃、建築設計、通用設計等概念，之後一齊落區「實測」，提出用家意見。

小松隊項目在 2019 年展開，除了活動用心策劃，在視覺美感上都做到一絲不苟。圖為小松隊在疫情前到訪南豐紗廠的活動。（圖片提供：小松隊 Facebook 專頁）

「活動開展了 3 年，維繫到一班好有心有學識的長者，但如何讓他們的聲音給聽見？推動到一些社會轉變呢？這是 Happy Ageing Lab 其中好想做到的事。」阿毛指出公司的一大理念。

社企除了講理念，商業模式同等重要。「我們會提供（建築環境）長者友善度評估，例如商場的廁所是否安全，易不易找。廁所對於老人家出門十分重要。」

## 從小處起步

創業教學中有個概念叫「MVP」（Minimum Viable Product），指盡快將具基礎功能的產品推出市場，收集用家意見；阿毛的團隊選擇

從「廁所」先入手，背後都有相似的想法。

「廁所夠細小，容易量度它們的表現，而且容易比較，因此較易帶來改變，actionable，因為件東西夠細。」他們計劃先從荃灣起步，「荃灣是一個理想的試點，（社區）有新有舊，而且四通八達，容易遊走，這點對長者好重要。」

得出的評估結果，他們希望跟發展商和物業管理公司分享，得到正視和跟進。「有時跟太太去商場，都怕她在廁所滑倒，更何況長者。設計師和管理公司必須攜手合作改善問題。」果然內外都是暖男一名。

收集了的意見，如何對外公布？眼見年輕人有不少受歡迎的社交媒體頻道，KOL 影響力驚人，他們亦打算設立一個長者 KOL 平台，團隊正密鑼緊鼓，為長者拍攝短片，希望將他們的聲音、意見、閱歷散播遠去。

## 從「大齡」到樂齡

Happy Ageing Lab 創辦人有 3 位，包括另一位「社區營造」達人 William Sin，而一群長久合作的長者則是其珍貴夥伴。Rina 說，以前讀書和執業，均與用家保持距離，當她決定辭職時，「我想做一些有意義的事，而且可以親身接觸到用家的。」但是為何會由瑞士大公司，跑到老年學研究所？

「完成了大館的項目之後，我發覺自己始終喜歡前期的研究及設計工作，辭職後考了牌，然後思考為何我在做這些事。」額前留有一束亮

眼漂染髮絲的 Rina，第一個學位是會計學，其後因為迷上建築，在英國讀了一年，回港後以「大齡學生」身份考入中大完成學士，再攻讀建築學碩士。

「因為我是 mature student，大同學十幾年，所以我經常會思考意義這個問題。」為何最後會思考到「老年學」？這跟個人經歷有關。

正當她裸辭思考人生時，「我媽媽當時跌落樓梯，入了律敦治醫院老人病房，那刻見到的畫面好深刻——長者眼珠外凸，只剩下皮包骨；口部合不上，牙齒掉光、肌肉流失嚴重；晚上好多長者叫喊，因為痛嘛。」Rina 一口氣描繪道。

有了這次體會，她意會到人口老化這個日益受關注的社會問題，或許可以用得上她的專業。經過一輪資料搜集功夫，找到中大這所研究所，她幾乎是再三叩門之下，才說服到研究所所長胡令芳教授聘用她，畢竟原本的職責多是行政工作為主，胡教授怕出現人才錯配。

然而毅力過人的 Rina，幾經轉折後成功爭取到研究所一職。她並不只做份內事，而是到處物色資源，為自己的目標創造條件。Rina 因此有份促成了小松隊項目的出現。這項目正正結合中大城市規劃、建築、醫學專業多位學者的知識，務求推動香港成為樂齡社會。相識多年的阿毛在此時亦獲邀「入局」。

William、Rina、阿毛創辦 Happy Ageing Lab。3 人與胡令芳教授,是小松隊的核心成員。圖為小松隊到訪中大建築學院。(圖片提供:ORKTS)

## 從業界重投學界

「自己當初讀建築,有個天真的想法,就是想透過建築改變世界。可能是中小學都做班長、風紀,是老師的好幫手,那一種性格使然。」阿毛報以一貫招牌式和煦的笑容。

自言一向喜歡設計、藝術,想藉此為世界帶來改變的阿毛,在中大取得建築學博士學位之後,他曾經參與政策研究相關的工作,但感到事與願違,「一方面好脫離社區和人,另一方面總是涉及不同角色之間的角力,相當乏力,哈哈⋯⋯」

他最後選擇重投研究和教學,「希望可以將一些好的價值觀傳授給下一代。」作為 Happy Ageing Lab 共同創辦人,他也不時「隨團」落

小松隊在疫情前展開，長者和青年組隊「出征」探索，阿毛、Rina 和 William 也不時下場參與。（圖片提供：小松隊）

社創 × 人與環境：師兄妹

區，聽一眾老友記發表對社區設施的意見。

## 樂齡社會有哪些重要條件？

「樂齡社會有客觀因素，易不易行，有沒有綠化空間等，但如何讓長者積極活躍過日子，社交生活變得豐富呢？畢竟香港長者孤獨問題嚴重，好多長者不喜歡出街，尤其是長期病患，因此社區營造十分重要，譬如會不會在走廊設計上花心思，令長者願意停留呢？」他認為，社交關係有時比客觀條件更影響長者健康。

透過建築環境設計，加強人際交流，是社區營造的一大目標。這個設計過程，用家的參與尤為關鍵，「所以近年參與式設計（Participatory Design）、co-design 成為趨勢，講究 engage end users；以前無論讀書還是執業，均距離用家很遠。」阿毛說。

## 觸動人心的體驗

他續指，一座好的建築，能夠造就空間與人內心的交織。作為教徒的他分享一次在韓國感動至眼泛淚光的經歷。

「那是祈禱院，是用石頭和樹林興建的自然環境，是我第一次去到一個地方會流眼淚。那裡有一個空地，有人會打排球，有人讚美敬拜神，有人禱告，構成了一幅好美麗的畫面。但你去維園見到人家打排球，你是不會流眼淚的。對嗎？」

喜歡思考人生意義的 Rina 此刻打趣道，自己見到盧廣仲（台灣歌

上：3 位創辦人和「一口設計」合作，為房協長者安居資源中心設計長者友善家居原型，是次 co-design 的經驗也啟發了往後的 Happy Ageing Lab。（圖片提供：一口設計）

下：團隊和 Hong Kong Arts Centre 合作，舉辦 Urban Design Lab 和街坊工作坊，圖為「路過北角」項目，街坊和青年一起探索社區營造、共生共管的理念。（圖片提供：Happy Ageing Lab）

手）才會掉眼淚。不過，感性的她也置身過相類似的場所，那是和合石墳場。

「在和合石建築處大樓，前面放了一副棺木，後面是玻璃，再後面是一片竹樹，陽光灑進來，我第一次感受到，厲害的建築就是，當你有需要時，那氣氛能夠安慰到我的心情。」對生死似乎特別觸動的 Rina 讚嘆道。

「那氣氛不容易營造，這就是大師之所以成為大師的原因。所以建築師必須強於觀察；亦是參與式設計重要的原因，需要將聲音反映給這一行的人知道。」Rina 強調。

「建築不僅是建築師的一張照片，而是在那個當下，在場的人如何感受心情，不論傷心、開心、慶祝甚麼也好，是屬於那些人的，但原來以往的設計過程，根本無辦法讓那些人參與，那麼設計又如何變成一種交織出來的東西呢？」阿毛也認同，一個良好的設計，用家前期參與尤其不可少。

但願透過 Happy Ageing Lab，能夠交織出一個跨代共融的美麗城市。臨道別時，我們不禁讚美兩人的「時款」布口罩，非常緊貼臉頰，「是（小松隊）其中一個長者自己手做的，布就是我在日本買的！」Rina 雀躍表示。這會不會是 Happy Ageing Lab 下個實驗產品？

## 學人百科 _____

### 敘事設計

會計學出身的 Rina，在英國的大學修讀建築時，因為老師教設計「很 storytelling 而瘋狂愛上」，「我們會落手落腳做 narrative design，例如堂上有部手機，我們會逐個部件拆下來，解構每部分的用途、意義、人如何與之互動，每樣物件發到好大去討論。」

「建築有好多隱喻，透過象徵符號、空間設計等等，展現豐富意境，不單是功能性的，而是藝術和實用並重。」阿毛再補充道，何謂「會說故事」的設計。

## 社創資訊 _____

### 樂齡實驗室
### （Happy Ageing Lab）

**happy.a.lab**

創立年份：2021 年 （前身為合十企畫）

資助計劃：中大可持續知識轉移項目基金 （S-KPF）

社企團隊：中大建築學院助理教授毛家謙、中大賽馬會老年學研究所註冊建築師高家揚、「拓展公共空間」研究總監單懷亮

目的：提倡跨界合作，讓用家和不同專業人士共同參與設計研發，為應對社會老齡化開拓創新的房屋模式，擴大市場的房屋選擇，實現康健頤年。

網頁：https://www.happyageinglab.com/

伍美琴
中大地理與資源管理學系
教授

地方營造與幸福感並進，
實現可持續社區

14

「獅子山下（精神）是作出來的，但馬鞍山上的故事是真的。」我們甫進入伍美琴教授陽光充足、書架環抱的辦公室，首個「暖場」的話題，是她雀躍分享在上個視像會議提及的馬鞍山礦村。這個她口中有豐富歷史、文化及教育資源的山村，曾經盛產鐵礦，高峰時期有 7000 人口。

「（礦村）發揮真正的香港人精神，（上世紀中期）天主教和新教教會一起在山上服侍窮人，礦村村民雖然窮，但又好開心。」個半小時訪談，由兒時趣事談至城市規劃、社區營造及幸福人生，一路少不了伍教授的爽朗笑聲。

伍美琴是中大地理與資源管理學系教授，及未來城市研究所副所長。城市規劃研究出身的她，近年除了關注城市可持續發展，同時關心大家的心靈健康。

她在 2020 年透過中大知識轉移項目基金（KPF）資助，籌辦了一個名為「豐盛生命：可持續社區實驗室」的項目，邀請區議員和有心人參與工作坊，學習可持續社區的相關概念，並一同設計能提升幸福感的社區。

心靈健康、幸福感是近年多人討論的話題，但伍教授表示，一般而言，城市規劃甚少觸及「人心」層面，「社工會講街坊喜歡甚麼東西，但規劃師會說：『我們最少都 1 比 5000。』他們說的是地圖。」

## 跨界倡導豐盛人生

本科在香港大學（港大）修讀地理，後來在美國攻讀博士研究港口及

上：伍美琴教授（左四）與項目團隊成員分別來自社會科學院的地理及資源管理學系、建築學系。（圖片提供：ORKTS）

下：伍美琴教授和麥穎思教授、社工王愛玲、藝術家張韻雯合作的「建城．見人」項目成果結集成書。（圖片提供：ORKTS）

社創 × 人與環境：伍美琴

機場發展的伍美琴，為何會想到將專業跟幸福感聯繫起來？「因為來了中大（教書）之後，認識了心理學系的 Winnie Mak（麥穎思教授）。」恰巧 Winnie 是 *Cubic Zine* 第一期「學人搞社創」主角。

Winnie 長期關注精神健康議題，尤其反精神病污名化，並成立社企「說書人」。「Winnie 經常將 well-being（幸福感）掛在口邊，強調人人都應該有 well-being。我就想，那麼做社區規劃的人幸福感應該爆棚，因為 well-being 是指與別人有正向的關係，在這過程覺得人生有意義、有目標。而社區規劃就是跟別人一起行動，改善環境，實現自我。」

一拍即合下，兩人多年前聯同社工王愛玲、藝術家張韻雯展開跨學科的「建城‧見人」教育項目（也是 KPF 支持項目），從各自專業範疇探討「豐盛人生」（Human Flourishing）。「是我們幾個傻婆坐下 jam 出來的構思」。

身為城市規劃師，伍美琴表示，香港的規劃程序主要集中在技術的計算，至於環境質素、市民及家庭的身心健康是否受惠於所處空間，當局甚少提及。伍教授團隊提出一個以人為本的可持續發展框架，並強調透過「地方營造」，建立滋養心靈的空間的重要性。

「社區規劃最高層次就是不用規劃，街坊自動波參與。」伍美琴說出理想的一幅畫面。街坊一同參與空間的塑造，盤點社區資源，一同想辦法改善自身社區。「可能發掘到許多好東西，發覺不是想像中差。」

## 「面」的障礙

她再以馬鞍山村為例，「政府想要開發山腳建屋，不應該只是避開這些遺址，而是應該在設計及規劃時，融合這些文物。」她形容，山上山下的礦洞和周邊地理是非常好的學習資源，涵括科學、科技、藝術、數學、歷史及文化，學生及市民隨手拈來，就可以接觸到這些上等的學習素材。她說得十分起勁。「要從點、線、面的角度考慮。」

評論當局規劃和保育工作，她直言，政府考慮「點」問題不大，「線」都可以接受，「但一講到『面』，就好頭痕。他們會擔心，是否全部不能動，其實不是。」要處理「面」的問題，跨專業的合作和視野十分重要。她自己正是一個喜歡踩過界的人。「我好中意 interdisciplinarity（跨學科），本來保育不是我的專長，但是有趣的我就會跟其他同事一同去做，一同學習。」

伍美琴明顯不是那種長期閉門埋首研究的學者，她樂於與人交流，自言在中學年代，「上 7 屆至下 7 屆的同學我都識。」在其開揚的辦公室，她特別注重「placemaking」，一開門就見擺放了一張方形矮桌及沙發椅，周邊被「書牆」包圍。這些都是方便學生來談話的心思擺設。她享受這種互有往來的對話，並透露原來教書是兒時已養成的興趣。

「由小到大都喜歡教書。」童年只有幾歲時，她就拿起粉筆，要弟妹鄰居扮學生聽她教書。大學畢業後，她不忘初心，加入一間中學教地理，但一年後辭職。「因為我都喜歡讀書。」她朗聲一笑。「那時教中一，試過『7-up』，即連上 7 堂（課）。這種（知識）有出無入

的工作不適合我。」

人人都說可持續發展，伍教授如何解讀？「就是你用現有的資源，把一個更好的未來（更豐富的資源，更清潔的環境，更有活力的經濟，更有人情味的社會）留給下一代，下下一代……」

## 幼稚園的重要一課

她其後重返港大讀城市規劃碩士，「那時候我好愛國，中國剛開放近10年，需要 urban planning 的人才。」70、80年代大學生流行「認中關社」（認識中國，關心社會）。伍教授在港大參加國事學會、時事委員會，一眾同學自命是「社會良知」，事無大小都會刊登聲明發聲。三分之一世紀過去，換了另一番風景。

再說遠一點，「我媽媽不知為何安排我入讀一所左派幼稚園（60年代）。記得有一日老師問我們家人讀甚麼報紙，我舉手答《明報》。老師說這份報紙不好。」她說老師這個回應，讓她畢身受用。

「我那時字都不識多隻，我覺得我講到《明報》已經好叻。我覺得爸爸讀的報紙不會不好，為何老師會覺得爸爸讀的報紙不好，但老師應該又不會錯吧（小時候的想法）。所以後來會經常問自己，為何人們會如此肯定。我會有疑問，基於甚麼東西（而那麼肯定）呢？」

讓伍美琴提出疑問的，包括具爭議性的「明日大嶼」計劃，「如果你相信氣候危機和第六次生態大滅絕是真的；如果你相信我們只剩下不足11年的時間去對付氣候危機，你就不會贊成繼續填海，你就會知

道恢復生態服務價值的重要性。而且人工島要犧牲很多代人的幸福，才可以把它營造成宜居的地方。」

訪問急急結尾，她馬上跑到靠窗的座位，又開始另一場視像會議。

## 學人百科

### 社區設計師

伍教授在訪問中多次提及社區規劃及營造，但近年日本和台灣卻流行「社區設計」，尤其在山崎亮撰寫多本書闡述經驗之後，「社區設計」成為社創界的潮語，其實意思跟前者大同小異。

《社區設計》的作者山崎亮本來是景觀設計師，但他認為自己的工作實際上更接近社區設計，即除了設計看得見的空間，更設計看不見的人際連結。自1999年起，他以社區設計師身份和團隊走遍日本，由公園至祭典、學校至小學生課後時間，策劃無數強調「以用家為本」的項目，引起不少迴響及仿效。

## 社創資訊

### 豐盛生命：可持續社區實驗室

項目推出年份：2020 年

資助計劃：中大知識轉移項目基金 （KPF）

項目成員：中大社會科學院地理與資源管理學系伍美琴教授、何穎副教授及李㷫助理教授、中大社會科學院建築學院田恆德教授及毛家謙助理教授

目的：通過協作和綠色地方營造，提升人們的歸屬感和幸福感，是可持續城市和社區中不可或缺的元素。

馮應謙
中大新聞與傳播學院教授

社區文化保育
以石澳風情畫推廣

15

訪問馮應謙（Anthony）教授之前，特地讀了一遍他和 3 位學者（何建宗、John Erni（陳錦榮）、周耀輝）合著的《透視男教授》，從 4 人的交流，感受他對儀容、打扮、氣味非一般的執着，字裡行間，他有時報以一句坦率直白的回應，着實好笑。

Anthony 是中大新聞與傳播學院的舊生，同時在這已任教 20 多年，現時是香港亞太研究所所長。2001 年入職中大，作為新聞與傳播學院「老臣子」教授，Anthony 早在韓國「花樣男」熱潮出現之前，他已是先驅。年輕時開始化妝，去美容院，皮膚總是追求白雪雪滑嘟嘟，後來更會買布做紙樣，找裁縫做衣服。「今日這條褲也是我自己做的。」他得意地說，指着腿上的淺色格仔七分褲。

## 修身治學入社區

「人家寫論文，休息時不知道幹些甚麼，但我可能會趁機修一修眉。」他哈哈笑道，力證自己善用碎片時間「修身」，可謂「美麗與智慧」並重。

他說，悉心打扮是「生活的一部分」，這個話題，他可以暢談一整天。但今日這個訪問，要談的還有他和幾位同事 2020 年合作的石澳「知識轉移」項目，以及早期他和建築學院合作的西營盤社區記錄和文化推廣。

訪問在 2021 年 1 月底進行，過幾日的大清早，Anthony 和一組攝製隊便走入充滿「夏日麼麼茶」風情的石澳，在村民的協助下，拍攝各個文化歷史景點，以便將來建立 VR 錄像庫，用以推廣石澳逾百年的文化鄉情。

拍攝只是「古今相建，保今尋源」項目其中一環，Anthony 於 2019

年決定申請中大知識轉移項目基金（KPF）之前，還找來兩位同事盧家詠博士和陳宗誠助理教授合作。一位擅長口述歷史，另一位則是可持續旅遊專家，集各人專業，希望在下一次無情「山竹」來襲之前，趕及把這條住了逾二千人的村落遺產保育下來。

筆者跟隨團隊入村考察，與石澳文化保育協會及石澳居民會義工接洽，期間聽年長村民細說受殖民管治時期，村民為石澳高爾夫球場打工的點滴，以及跟附近村落同辦喜慶節目的樂事等，讓我們聽得格外留神。雖然現在每到週末均有不少遊人湧往石澳，到沙灘游泳耍樂，或在充滿歐陸風情的屋宅街巷打卡，但鮮有人關注這條村的人文歷史。在村民眼中，這大概不是健康的旅遊模式。

石澳 2018 年因為颱風「山竹」受嚴重破壞，恰巧 Anthony 認識一名石澳村民，兩人在一次聚會上閒談，促成了這次項目。「打風令他們好慘。他對我說，你不如用學者的身份研究一下啦！我對社區好有興趣，好想做社區的記錄，有些社區不記錄就好快消失。」

「當中會記錄一些老人家，由他們的角度去說故事。之後希望可以在筲箕灣附近的學校做教育，推廣當中的價值歷史，而不是純觀光景點。」儘管項目因疫情受阻，活動如中秋晚會、天后誕、萬聖節（村內住了不少外國人）取消，口述歷史記錄亦要押後，但拍攝工作仍然繼續進行。

## 發展與記錄

他表示，踏進石澳，就會讓他回想起，自己 2000 年初加入中大之後的首個研究，當時的研究地點是梅窩。當時地鐵東涌線落成後，人們

上：石澳「古今相建，保今尋源」項目 3 位主理學者盧家詠博士（左，已離職）、Anthony（中）和陳宗誠助理教授（右）。（圖片提供：ORKTS）

下：村民解釋，石澳正灘 2018 年歷經「山竹」浩劫，海岸線甚至出現「大挪移」。Anthony（中）這日跟團隊入去拍攝。（圖片提供：ORKTS）

不再乘渡輪經梅窩往大嶼山，梅窩忽爾遭受「冷落」，他想知這樣對當地青少年和社區發展帶來甚麼影響。

「當時申請不了資助，我都照做，半年期間，我一星期去兩次。初時去坐下茶餐廳，去 make friends 先，否則村民為何會信你？」他強調做社區工作，「融入」非常重要。於是，他跟着一個歷史學家朋友到處交朋友，到訪學校、青年中心，完成研究。

除了石澳和梅窩，2013 年 Anthony 和中大建築學院田恆德教授等人亦透過知識轉移項目基金（KPF）資助，進行了一次玩味十足的社區項目「妙想氈開」，主題同樣離不開港鐵。西營盤站落成之後，對這個「古早」社區有甚麼影響？

團隊培訓了區內聖保羅書院廿多名學生，由他們拍攝採訪區內街坊。到了中秋月夜，陡斜的正街圍封起來，街道鋪上地氈，豎起熒幕；這條平日人們甚少駐足的斜街搖身成為戶外影院，眾多街坊一起欣賞這些短片，邊反思文化保育與城市發展的關係。這活動甚受歡迎，之後亦在天水圍和土瓜灣複製「上演」。

## 學霸是這樣養成的

專研究流行文化、青少年文化及遊戲產業的 Anthony 說，自己一向對社區議題感興趣，追源溯始，大概是中學時常做社會服務的緣故。80 年代，他們一班同學不時去老人院、青年中心做義工。

「最記得當年有一間筲箕灣漁民子弟學校（已停辦），漁民不讓子女

上學，老師會去找這些父母，要他們給孩子讀書，我就去學校做義工，教一些課外活動。」

因為這些兒時「見識」，成績優秀、從華仁書院完成中六後「拔尖」的他，未有跟從身邊主流，選讀醫科、EE（電子工程）或 BBA（工商管理），而是按自己興趣選讀了新傳系。

「我現在的確有好多同學都是醫生。我媽媽一向不干涉我，但當年知道了我這決定之後都教訓了我一輪。」閱畢《透視》一書，可感受到他跟母親的深厚感情。

大學畢業後，Anthony 隨即考獲獎學金，前往美國明尼蘇達大學（University of Minnesota）攻讀碩士和博士，6 年內取得傳播學博士學位，還趕得及「回港看回歸」。讀書如此有效率，以為留學期間他必定日日閉門深鎖，埋頭苦幹？

## Work hard, play hard

非也，他自有一套獨到的時間管理大法。在美國期間，他說十分適應美國文化，「為了理解社群（很值得借用的理由），parties、thanksgiving 聚會，這些活動我是第一時間參與的，幾乎逢騷必到。」他笑得開懷，演活了那句流行語「你必須很努力，才能看起來毫不費力」。

「但後來玩到連我都覺得有少少過頭，因為幾乎晚晚要跟屋主講晚點回家。所以後來我自己限制自己，一星期最多出去兩晚，之後寫論文就專注了。」效率始終離不開自律，現在他送給學生的贈語是「work hard, play hard」。

雖然「一氣呵成」完成博士，之後一直在大學任職，但他並非沒有傳媒工作經驗的。90 年代初，趁大學最後一年空檔期，他以月薪一萬元全職加入《東方日報》，負責投訴版，那是傳媒人相當風光的年代。

「那年代就是投訴無門，社區設施唔夠、廁所沒人修理⋯⋯我最記得要去春坎角影相，影個廁所，好好笑。當時的確好多機會接觸社會民生。」他憶起 1991 年，赴美前的難忘「工作假期」。

那一年，除了猛翻政府電話簿「為民請命」之外，他亦會寫專題，環保、歷奇、另類療法等等，都曾是他筆下的題材，「那時候待遇好好，好自由，寫任何東西都會刊登，沒有政治考慮的。」幹了一年多，儘管愉快，但扶輪社獎學金一批，他就出發留學了。


## 開啟潮流觸角

在美國，他發現新聞只是「傳播學」應用的其中一項非常小的範疇，電視、電影、音樂等流行文化同樣是研究主流，「是關於生活的傳播，根本新聞只佔我們日常生活很小部分。」因此回港後，流行文化成為了他的研究主軸。初期他比較亞洲的電視劇，2000 年後轉為研究遊戲產業。

2015 年起，Anthony 亦獲北京師範大學聘任，一年有 3 個月會待在北京，直接取得國內科技巨頭的海量數據，以助自己的遊戲研究。他建議道，中大在跟私人企業合作方面，應該更加積極，多鼓勵商學合作，「中大同公司合作有好多條款，超級困難。」然而，他明白利益

方面有可能出現矛盾，「所以必須是雙贏的。」

他急不及待希望疫情完結，嚷着有許多大計要實行。相信其中一項是要上深圳買布料，準備為清空的衣櫃「補倉」。


## 學人百科

### 創意文化產業

Anthony 的研究核心是創意文化產業，「其實沒甚麼神秘。就是我們的日常生活，原來可以帶來巨大經濟效益。以前就是電視、電影、音樂、動漫等等，現在就結合了科技、數碼化，更加先進。」他指出 Google、Amazon 等是外國「文創」龍頭，他自己則熟悉騰訊、抖音，尤其是電子遊戲的內容、生產和玩家研究。

「近年多人討論的是文化政策，國家或地區如何制定政策，帶動整個經濟與就業。韓國是一個好例子。現在出現許多文青，年輕人都喜歡投入這產業。」


## 社創資訊

### 石澳「古今相建，保今尋源」項目

項目推出日期：2020 年

資助計劃：中大知識轉移項目基金 （KPF）

項目成員：中大社會科學院新聞與傳播學院馮應謙教授、中大社會科學院地理與資源管理學系陳宗誠助理教授及中大香港亞太研究所職員盧家詠博士（已離職）

目的：研究團隊與社區夥伴合作，記錄石澳社區的文化活動、文化遺產、居民的歷史和記憶，並透過科技平台，鼓勵持份者參與，以及加強石澳社區與公眾的連結。

崔佩怡
中大生命科學學院研究
助理教授

將香港珊瑚帶入社區，
用愛關注海洋生態

16

「我是那種在小時候便很希望自己可以成為海洋科學家的女生!」珊瑚專家崔佩怡(Apple)研究助理教授爽朗笑道。個子嬌小、少女味十足的 Apple 某日在百萬大道走過,上身是深藍色印着 "We Learn. We Love. We Conserve." 的珊瑚學院訂製衛衣,配上破洞牛仔褲,外表完全無異於人來人往的大學生。(因為這日拍攝團隊照,是顧及「隊形」的裝扮。)

「我好喜歡做外展活動,如果沒有這些外展活動,就不是我們了。」珊瑚學院是 Apple 於 2018 年在中大生命科學學院創辦的外展計劃,立意要將她熱愛的珊瑚和生態保育知識帶出吐露港,在社區散播。其中為人熟悉的項目是和漁農自然護理署合辦的「育養珊瑚校園計劃」。

## 一校一缸　培養學生的海洋素養

Apple 團隊將香港珊瑚帶入 18 間中學,實行一校一缸。他們提供技術支援及培訓,老師和同學組成「養育小隊」一同照顧珊瑚,「小隊除了照顧珊瑚,每星期記錄牠們健康狀況,量度水質,每兩星期幫珊瑚缸換水,每月量度珊瑚生長、交報告,同時亦會負責校內和社區的外展分享,同學老師都要付出好多心力和時間。」

在學校寄養約 8 個月後,這些「溫室」育養的珊瑚會先返回海岸邊的中大李福善海洋科學研究中心,適應天然海水環境後,在夏天,Apple 和團隊會出海潛水將珊瑚移植到赤門海峽一帶海域,而有份湊大牠們的養育小隊會留在船上,透過直播觀察復育珊瑚群落的過程。

「我們最終想做到的是生態系統的修復,包括提高生物多樣性,以及

上：Apple（右三）和珊瑚學院團隊成員打成一片。（圖片提供：ORKTS）

下：中大李福善海洋科學研究中心的珊瑚育養設施，存放了由研究團隊由珊瑚精子卵子開始，培養成長的珊瑚 BB，亦有由野外撿來的天然碎塊，經照料後恢復生機，其後再移植回海洋。附近的吐露港和赤門海峽是珊瑚復育的主要海域。（圖片提供：ORKTS）

社創 × 人與環境：崔佩怡

生態系統服務（Ecosystem Services）。但由於珊瑚生長緩慢，可能要 10 年、幾十年才能見到效果。我們目前移植到海床的珊瑚生得好好，兩年間生存率超過 90%，希望珊瑚可以繼續健康成長，在野外繁衍下去。破壞十分容易，修復卻很難，相比復育，珍惜我們擁有的珍貴珊瑚群落更重要。」她強調愛護珊瑚是非常關鍵的。

訪問當日正值第 26 屆聯合國氣候變化大會（COP26）剛落幕，氣候變化、減碳排放是城中熱話，珊瑚白化「兇手」之一正是全球暖化，這亦是 Apple 研究主線之一。在這大趨勢下，香港的珊瑚會不會生存到呢？我們能否培植更具抵抗力或耐受性的珊瑚品種，對氣候變化能「應付自如」？

## 香港珊瑚特具抵抗力？

「我們的珊瑚意義在哪？就是夠 tough ！香港的冬天水溫能低至 13 度、夏天高達 31 度，溫差如此大，牠們都存活到，實在不容易。的確，珊瑚有能力適應環境變化，但需要時間。現在氣候變化來得太快！因此我們想知香港的珊瑚會不會對溫度變化有特別強的抵抗力，如果是真的，背後又是甚麼機制？」

一方面嘗試找出更具抵抗力或耐受性的珊瑚的品種去應對氣候變化，但生態保護工作亦不可慢下來。Apple 有甚麼心法？

「保育不可能硬推，畢竟 3R，包括 Recycle（循環回收）、Reuse（物盡其用）、Reduce（減少使用）這些守則，我們自小耳熟能詳，但效果不彰；消瘦的北極熊相片已經作用有限，大家開始冷感，而冷感

「中大對出海邊，有時會見到海馬！」Apple 所處的中大李福善海洋科學研究中心，由她讀研究生起計，已待超過 10 個年頭。她希望可以擴建，為現在放置室外的育養設施尋得室內的「居所」，「打風落雨便不用同事們趕回來做防風防雨措施那麼狼狽。」（圖片提供：ORKTS）

是非常危險的事。」

知識、態度、行為，Apple 相信知識只是保育第一步，「首先你要認識，喜歡上，你才會有動力去保護。這就是為何我會推崇 student-centered experiential learning（體驗式學習）的原因。」

透過親身體驗，與海洋生物的相處，建立連結，相信自己有能力帶來正面改變，促使思維及行為的改變，這種教學理念，加上其親和力和富感染力的分享，為 Apple 帶來多個教學獎。

她把其中一個獎金用來設計海底 360 度 VR（虛擬實境）影片，希望

社創 × 人與環境：崔佩怡

學生坐在課室都能親歷海洋世界。「他們會見到我潛入海底拉起把尺，同學可以學習水下生態調查方法，分析數據，體驗置身於健康和受破壞的珊瑚群落中。」

## 「以前我見到魚，只會想捉來食」

在大埔區長大的她，正是從豐富的體驗中成長。「我小時候住樟樹灘村，一打開門會見到蛇，經常通山跑。」喜歡攀山，但她更愛「涉水」。

爸爸來自廣東平海鎮，漁村出身，移居香港後仍然「逐水而居」，經常一家出海，「釣魚、捉蟹、大眼螺、鮑魚、浮潛……好開心。我小時候已經很喜歡海洋，希望自己長大能成為海洋科學家！」

她說，自大學三年級考到潛水牌之後，經歷心態上的改變，「以前我見到魚，只會想捉來食，但自從我正式學潛水，我更加希望在大海和海洋生物見面，觀察牠們的行為，拍照記錄。」珊瑚學院網站就見到許多她的攝影作品。

以「dream big and dare to fail」為座右銘的 Apple，一旦目標清晰，毅力更是驚人。

「我大學（香港科技大學）讀生物，第一年已經主動去海洋實驗室敲門做 student helper。」畢業後她一心打算報考中大研究院，希望研究珊瑚，過程出現戲劇化一幕，「那時好想跟一個（中大）教授做研究，但一直聯絡不到他。」

找不到首選導師，怎麼辦？正所謂「諗多兩下，條條大路通羅馬」，她先走上中大，約見其他相關教授。「那日我見完另一位教授，臨離開時，我跟送我離開的同學說，其實我真正想找的是伍澤膺教授，你知不知他今日在辦公室嗎？」

巧合的是，伍澤膺教授這時正好駕車回海洋研究中心，那位同學立即幫忙上前截停，將 Apple 介紹了給教授認識。後來她成功說服對方成為其論文指導老師，展開了她在中大的碩士及博士生涯。

## 「好中意，好中意」

訪問中，Apple 多次表示自己好喜歡做研究、分享和做外展工作，「好中意，好中意，讀研期間已經出去做好多講座。」完成博士後，正好學院有講師職位空缺，於是 Apple 就成為那位有準備的人，如願加入中大。

她自言沒甚麼很厲害的教育法和策略，「但感恩同學好喜歡上我堂，可能是我教海洋生物學，會講好多故事和分享海洋生物的趣事，又會安排同學助養珊瑚，親身體驗把珊瑚固定在珊瑚底座上，並加上標籤和寫上祝福字句。最感動試過收到同學的手寫感謝咭，說整個暑假上完我的通識課，多了一個興趣。有同學更去學潛水，希望有一日會在大海和助養的珊瑚重遇。」

至於外展工作，她和團隊亦剛完成了另一個「公民科學家」的計劃，在世界自然基金會香港分會的支持下，招募了一隊潛水經驗豐富的老師、社工等公眾隊員，提供培訓後，跟他們一起下潛收集及移植天然

公眾都可以參與海底調研的「公民科學家計劃」，不過參加者要有豐富潛水經驗。Apple 建議有意學潛水的朋友在香港學，因為難度大，學成後去外國潛水便「遊刃有餘」。（圖片提供：珊瑚學院 Facebook 專頁）

珊瑚碎塊，進行珊瑚群落生態調查等。

計劃聽起上來十分吸引，收幾多錢？「免費的！我們所有舉辦的活動都是免費的，活動一公布好快就爆滿。」筆者跟同事 Clara 來自推廣創業精神的「研究及知識轉移服務處」（ORKTS），均認為珊瑚學院的活動好玩又有意義，相信即使收費，想報名的人也大有人在。「可以將可持續地將理念發揮到最大。」

引入入勝的還有 Apple 手上新鮮出爐的《育養珊瑚校園計劃手冊》。本子色彩繽紛、涵蓋漂亮的海底世界插畫和相片，趣味十足地介紹了海平線下的香港、本地豐富的生物多樣性、珊瑚的種種，包括外形、

翻開這本團隊精心製作的香港海底世界「天書」，Apple 手舞足蹈，滔滔不絕。（圖片提供：ORKTS）

繁殖方法等，製作精美。「多得我們的 project coordinator，同時都是 designer，所有插畫都是她畫的！」

項目的成功令她的團隊得以成型，現在有多位助理和一位博士學生共同經營珊瑚研究、復育和教育推廣工作，「我要放手多少少。」除了要多投放時間在研究，教學外，她初為人母，育有一女兒，要兼顧家庭，忙得很。「作為一個想衝事業的女性科學家，老實說有挑戰性，但我無悔這決定，我還打算生多一個呢！我覺得一個家庭要有兩個小朋友才是圓滿。」語氣毫無遲疑。

「我是蠻豁達的，如果不行（衝事業）的，我會接受，最重要的還是試過，努力過。」但更重要的還是有另一半的支持，「他（丈夫）說

他的 life mission 就是 support 我。」她哈哈笑道。

## 學人百科

### 珊瑚白化

「珊瑚白化不代表死亡。」Apple 表示，色彩繽紛的珊瑚，顏色是來自與珊瑚蟲互利共生的蟲黃藻，後者提供養分給前者。Apple 大力推介的紀錄片《追逐珊瑚》*Chasing Coral*，片中一位學者如此形容：「等於牠內部有自己的食物生產機器。」但隨着海水溫度上升，蟲黃藻被「逼遷」，只剩下透明的珊瑚蟲與其白色的骨骼，看上去就好像變白，這種現象稱為「珊瑚白化」。

Apple 強調，白化意味珊瑚失去大部分營養來源，但只要環境得以在短時間內恢復，蟲黃藻是可以重返珊瑚蟲「居所」，讓珊瑚重生。若不利的因素持續，這些珊瑚最終會死亡，或令牠們容易感染疾病，繼而死亡。

## 社創資訊

### 珊瑚學院（Coral Academy ）

創立年份：2018 年

團隊：中大生命科學學院研究助理教授崔佩怡博士及其研究團隊（包括本科生、研究生及研究助理）

目的：進行珊瑚修復及生態調查研究，並推行海洋保育及教育工作。透過科研、工作坊、培訓計劃，以及各種教育活動，致力修復吐露港及對出水域的珊瑚群落，並提升公眾對香港海洋生態保育的意識，將正確的保育觀念灌輸給下一代，共同為保護香港海洋出一分力。

網頁：https://www.coralacademy.hk/

# 社創 × 生活文化

湯兆昇

李丹

區永東

朱順慈

湯兆昇

中大物理系高級講師

「整蠱專家」跳出山城，

落力推動科普教育

17

「我想我是有少許表演能力的。」湯兆昇博士是物理學界的 KOL，自 2014 年開始參與逾 60 集科普電視節目《學是學非》，可謂演技「大爆發」，意外實現了小時候以美國天文學家 Carl Sagan 為仿效對象的科普明星夢。

「這些能力是多年浸出來的，當你很『毒』的時候，你沒有辦法釋放這些能力。」身後掛着愛因斯坦大頭海報，他一臉正經地道出屬於個人的「成長公式」。

湯博士是中大物理系高級講師，除了在大學教書，也頻頻「落區」參與公眾活動，到學校舉行講座，並為各大創科比賽擔任評判，「由小學看到大學（比賽）。」他因此看到香港 STEM 教育的不足，希望將香港速食文化「改一改」，其中一項嘗試，是今年申請中大知識轉移項目基金（KPF），推出一個以中學生為對象的學習項目，冀透過科普講座、實驗和體驗活動，讓學生了解基本科學和技術應用的關係。

我們先從他小時候的 fantasy 說起。

## 「毒男的 fantasy」

湯博士是徹頭徹尾的中大人，中六讀畢便獲「拔尖」入讀中大物理系，然後攻讀至博士，畢業後留校執教至今。為何是物理？

中小學「一條龍」就讀男校的他說，是因為迷上天文，直言：「宇宙星辰跟高達模型一樣，均是毒男的 fantasy。」（順帶一提，搞太空旅遊兼電動車企業 Tesla 創辦人 Elon Musk 也是讀物理學出身的。）

「我讀大學時沒有那麼多選擇，天文最直接的關係就是物理。星星如何演化，如何變成黑洞，那些就是物理囉！就是相對論，就是愛因斯坦囉！小時候覺得這些東西很 fascinating。」他坦言，初中開始看天文書、觀星、搞聯校天文學會，為興趣，也為了「show-off」，「有時老師叫我出去 present，覺得幾威。」

成長於男校，全校沒有幾個女性，「女教師也只有一位。」他笑言搞聯校活動以為可以順便追女生，可惜因為天文學會「學術味」太濃，不像社會服務等吸引女生，結果事與願違。不過他玩得認真，除了出任學會會長，亦落力比賽，「曾參加太空館天文問答比賽，攞過公開組第二喫。」

湯博士跳過A-level（香港高級程度會考），獲中大直接錄取，如此「屈機」其來有自。「高中時我會叫上大學的姐姐從圖書館借相對論的書給我看，雖然未必讀得明白；考完會考我就讀哥哥留下的物理書，他讀數學的，他看不明白。」由這時候開始，他已經立志從事學術研究，於是再「一條龍」在中大讀至博士畢業。研究甚麼呢？我們嘗試要他簡單說明之。

## 「我不懂做實驗的」

「我是做理論的，PhD 是做一些開放系統的波動，即系統可能是半封閉的，流緊嘢出去；條繩一邊綁緊，一邊是鬆的，會連接外面的一條繩，流緊啲 wave 出去，我就是做那些系統的數學理論。我是做 theoretical physics（理論物理學），所以我是不識做實驗的（笑）。」

跟湯博士一起搞中學生 STEM 教育項目的還有兩位拍檔，梁寶建博士（右）和梁凱迪博士（左）。（圖片提供：ORKTS）

言簡意賅，不知讀者明白多少？

他謙稱自己不懂做實驗，現在卻不時要在電視前面「表演」物理實驗。他自信表示「自己的確有少許表演能力」，惟強調是多年浸淫出來的，「要慢慢去解封、嘗試，有挫敗後再調校，需要好多年的人生浸出來。」

## 讀博悟出個性

儘管未能三言兩語總結出一個博士學位，但他透露，讀博過程也經歷低潮。「曾經有半年完全 hang 機，想不到如何做。那段時間思考將來是否要這樣下去，趁機認識自己的 talent。我覺得 PhD 好困難，

做 theoretical physics 我想我都是 top 5%，但不是 top 1% 或 0.5% 的勁人，加上我發覺自己不適合長期 drill on 一個問題，反而教書教得好。」後來他索性專注教書，免去做研究的壓力。

面對這個「hang 機、學業感情宗教都出問題」的難關，他用獨特的方式自療——到防止自殺機構聽電話做義工。「接觸許多很慘的人，有精神病的人。我估潛意識入面，我想接觸的是自己，究竟我的心理如何，我是甚麼人。有時聽完一個電話，會問自己是否帶了自己入去。」

很多年後，他又到醫院的療養病房做義工，「接觸不少臨終病患，包括癌症病人、老人家等。我記得去到醫院後，電梯的一邊房間換制服，另一邊是殮房。好 heavy。但那些經驗令我更了解人、對方的反應、人的性格、情緒，日後對人性保持敏感度。」

除了做義工，村上春樹的早期作品也讓他得到慰藉。「誰說的？！」說起村上，他反應頗大，忘了那是他早前對某傳媒透露的。「為甚麼看他？因為村上春樹出名虛無嘛。有同學曾對我說，『村上春樹的瀟灑，是不能承受之輕』，這句話我思考了好耐……其實村上是很沉重的，談在城市的孤獨與虛無。在那個年紀（大學生），有太多問題，在他的作品能得到安慰與共鳴。」

他一口氣數了幾本印象深刻的作品，「彷彿是看一個人的成長。《聽風的歌》是講主角十幾廿歲的階段；《尋羊的冒險》講他開始迷失、開始找自己；《舞！舞！舞！》的他變成一個圓滑的中年人，之後透過跟小朋友 interact，尋回初心。」

參與《學是學非》，湯博士表示是他教學生涯的重大改變，可用親切的方法展現基本科學原理。（圖片提供：湯博士的物理空間 Facebook）

## 人生重要轉捩點

人生軌跡本來「波動」不大，直至 2014 年接拍了《學是學非》，生活始變得「壯闊波瀾」。「影響好大，可以嘗試好多奇怪的東西。」去中、小學，乃至社區商場為大小朋友舉行講座、遊戲活動、擔任畢業禮的主禮嘉賓等等，主題都離不開科普教育。在公仔箱前喜感盡現，眼前的湯博士卻一本正經，他透露取經對象是美國物理學家兼「整蠱專家」費曼（Richard Feynman）。

「好喜歡他（費曼）的表達手法。他是一個好奇怪的人，有許多古靈精怪的想法，市井，平民，會講粗口，表達手法貼地。」他如此形容這位諾貝爾獎得主。

「他很喜歡耍弄人，所寫的整本書 *Surely You're Joking, Mr. Feynman!: Adventures of a Curious Character* 就是說他如何玩弄人。同時他為世界帶來許多啟發，關於這個世界、物理的真確性、科學對現代世界的意義。如果不用這些方法，是吸引不到群眾注意的。」

他認同費曼這種「別出心裁」的手法，畢竟在今時今日注意力匱乏的年代，要推銷硬科學，更要花心力。他直言，香港「速食」文化深厚，連創新教育都變得不求甚解。「好急，咩都要好快搞掂。」他的科普策略是先吸引大眾注意，再引導少數對科學很有興趣的年輕人深入鑽研。

## 香港 STEM 教育弊病

香港近年大力鼓吹 STEM（數理科技教育），希望長遠助拓展創科產業，但事實是其中關鍵指標——創新能力，香港持續「積弱」。2019年世界經濟論壇（WEF）公布的全球競爭力報告，香港高踞第 3 位，但「最大弱點是創新能力」，排名 26 位，而 2010 年則排第 23 位，10 年間未進反退。湯博士有這樣的觀察。

「香港喜歡強調成果，學校或老師都喜歡有廣泛報道，期望很快見到創作。結果學生往往只是着眼如何使用手上的工具（如傳感器），而不是用科學方法解決問題。譬如不去想自動控制有沒有用，是否真的解決到問題？抑或只是畫蛇添足？其實要先思考需要在哪裡，建構解決方案，再研究技術上如何實現，而不是一味複製別人的方法。」他溫文地道出教育界的創科「亂象」。

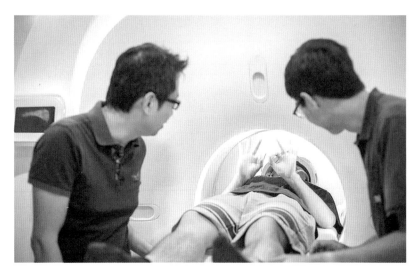

湯博士團隊策劃的 STEM 教育活動,冀透過一系列科普講座、實驗及親身體驗,培養中學生對科學的興趣。圖為中學生體驗磁力共振儀器。(圖片提供:ORKTS)

湯博士曾獲頒多個教學獎,他對運用日常生活的情景教學十分在行,例如很多年前曾替海洋公園設計項目,讓老師可以帶學生邊玩機動遊戲邊學物理。近期他則舉辦「層層推進」的學習項目,帶中學生到科學園的一間科研公司,認識和體驗 MRI(磁力共振)的應用,了解「過去 100 年科學、工程和科技的互動,它們取得的驚人成就,以及對我們生活的影響」。他認為激發學生的興趣和想像力,鼓勵他們不斷探索背後科學問題,激發創意,尤其重要。

## 給時代的寄語

近年社會氣氛轉差,對於大是大非,他也不迴避會在其 Facebook 專

頁回應，例如藉前輩費曼的話，提醒當權者保障學術自由、鼓勵人民發問及探索的重要。另外，早前政府發放銅芯口罩，外界有不少質疑聲音，湯博士除了接受傳媒訪問表達觀點，他嘗試用電子顯微鏡檢視銅芯口罩，並基於物理知識，在自己的專頁撰寫〈銅芯口罩疑雲〉一文，嘗試在成見、立場和情緒充斥社交媒體的當下，客觀評論口罩的效能。

對於有感坐困愁城的年輕人，他以自己爸爸處事的方式作勉勵說，「如果有一刻，有些事情你過不到，強行過去會滿身受傷，之後會好困難，不妨 hold back 那一步，先放下。但不是放棄。先裝備自己，培養能力，到達另一個位置再幫這個世界。」他說，有很多事情他小時候從未想過有一日能夠做到，因此寄語年輕人目光放遠，「眼前的事，不是只爭朝夕。」

## 學人百科

### 毛細管流（Capillary Flow）

無聊事認真做，可以快樂無比。湯博士在這方面亦「經驗豐富」。

「有一日我在餐廳飲奶茶，留意到奶茶在杯面蒸發時，毛細管作用帶動水流，會把茶漬推到液滴的邊緣，形成窿窿的花紋[1]；又或者當一滴牛奶跌落一杯很熱的奶茶上，奶滴受到上升蒸氣的影響，會懸浮（Levitate）一兩秒，彈一兩下才融入奶茶裡，很有趣的，我真的見過。」他

湯博士發現奶茶杯邊形成有趣的窿窿花紋，並拍下來。（圖片提供：受訪者）

指這些日常生活的有趣物理現象，有時看似無聊，但可能啟發物理學家作出重大的發現。

## 社創資訊

### 跳出課室：由中大至科學園　層層推進 STEM 教育

項目推出年份：2019 年

資助計劃：中大知識轉移項目基金 （KPF）

項目成員：中大理學院物理系高級講師湯兆昇博士、梁寶建博士及講師梁凱迪博士

目的：團隊精心設計的學習計劃，讓基本科學原理也變得有趣和「貼地」。

[1] **參考資料**：R. D. Deegan, O. Bakajin, T. F. Dupont, G. Huber, S. R. Nagel, and T. A. Witten, *Nature* (London) 389, 827 (1997).

李丹
中大電子工程學系教授

最強「踩過界」
研廣東話語音識別

18

「有些人只顧自說自話，根本不管人家到底聽不聽得懂。」李丹是中大電子工程學系教授，過去 30 多年專攻語音技術研究，包括現在幾乎你我都會用到的「speech-to-text」（語音轉文字）或「text-to-speech」（文字轉語音）技術。以為他作為資深工程人，難免滿口艱澀術語，但可能是研究多了人家說話，他特別在乎溝通這回事。

## 中大「好聲音」

「大學裡面的教書佬有個好大的缺點，就是以為人家好喜歡聽他說話，於是講到不識停。我經常警惕自己，雖然不是好有效。」訪問前他在電話傳來這段文字，似是事先聲明不要介意他「長氣」。但事實上，求學時期曾為中大合唱團副團長的他，在兩小時內，分享了許多其研究、跨界合作和知識轉移的項目，包括近年為一名喉癌病人設計個人「留聲機」的事，深入淺出，毫無悶場。

「過去十幾年教書，我都會好留心自己上堂的說話。」這份自覺，並不是擔心講錯話，而是學生明白與否，理不理解。難怪，步入會議室，見到其學系過去 20 年模範教學獎的得獎名錄，李丹個人上榜 12 次，其中 9 年更是年年都榜上有名，可見其教學「口碑」。

雖然提起廣東話拼音、國際音標（International Phonetic Alphabet, IPA）等語言學概念琅琅上口，但電子工程學出身的李丹強調自己在這方面學藝不精，興趣是始於 30 年前在中大攻讀博士時養成的，「我（讀博）第一個項目就是做廣東話的語音識別。」

「人的說話變化有好多層次，有文化、語言，也有情境上的，例如現在跟你對話，跟我今早教書都會有所分別，無論是速度或語調。」戴着工程學院的口罩，李丹教授不疾不徐解釋語音技術背後人際溝通的概念。（圖片提供：ORKTS）

## 由數學到廣東話語言學

笑言自己大半生走不出馬料水（中大）的李丹在 1984 年經一年制預科高等程度會考（High Level）入讀中大，一年後由數學系轉修電子工程，「我一路相信數學好，甚麼都會好。我好欣賞讀數學的人，譬如梁迺聰，好聰明，他當年大學都未畢業，已經跟丘成桐教授（知名數學家）讀數。」儘管心愛數學，惟始終比同屆同學少一年讀書經驗，他形容自己大一成績「慘敗」，促使他後來說服系主任讓他轉讀較為「實在」的電子工程。

「大學畢業之後讀碩士研究生，之後去香港城市大學，當時叫「城市理工」做教學助理。」在即將完約之際，他萌生繼續讀博的念頭。巧

合在火車站遇見程伯中和陳麗雲兩位中大教授，得知對方正開展廣東話的語音識別項目，於是自動請纓加入其團隊，「1992 年開始在中大讀博士。」對於人名、年份，他一下子就準確說出，記憶力過人。

雖然語音識別是由電腦處理，然而作為研究員，亦不可以沒有語言學根底，「當時對於廣東話語言學，我一竅不通，於是去找徐雲揚教授學，他是人類學出身，但教 phonetics（語音學）。我跑去城大跟他學，聽他的 seminar，但是很沒有系統地學。」

「初時學廣東話拼音，但廣東話拼音並沒標準寫法。雖然學術界用粵拼，但民間又不跟隨。」他舉例指，香港人的中文姓氏即使相同，但英文拼寫花款各出。「例如徐雲揚教授，他英文名是 Eric Zee，不是現在常見的 Tsui。姓蔡的可以有 Choi、Tsoi、Choy……『張』可以是 Cheung 或 Chiang。」這種現象是受殖民管治時期遺留下來的。

「以前香港人去到出生登記處，用他可能最準確的發音講出名字，職員經過受訓有一套系統去拼寫，但系統並不一致，於是出現不同寫法。」他後來又學習國際音標，「所有語言通用的，我要識囉。」

學好音標，再學廣東話，或者可以減少鬧出笑話。

「長 aa 定短 a，可以有好大分別，例如『劉』同『撈』、『快』同『廢』。你有沒有聽過一個洗衣機的笑話？有個客人到洗衣店，跟店員講，這件衫咁樣『死』得，掉返轉『死』又得，咁樣『死』都得。這個就係 ei（死）同 ai（洗）的分別。」

在清一色男士的辦公室兼工程房，這裡還有個專業錄音室，是錄製「故事點播機」故事的地方。（圖片提供：ORKTS）

## Speech 是如何構成的？

過去 30 多年，他的研究始終離不開語音。「主要是『speech-to-text』同『text-to-speech』」，他指出，前者難度較大，口音是其中一個影響 speech-to-text 技術的因素，「決定 speech 的影響因素有太多，環境、口音、語言、錄音設備等等。一個媽咪對小朋友說話，為何要慢慢說？為何要重複？所以沒有單一語音技術，可以解決所有這些情景問題。」

他強調人腦的精妙之處，「人聽得明白，好似好簡單，但其實人在聆聽的時候，腦袋已經預先有好多假設同設定，譬如今次訪問我知道你們會問甚麼，所以就算你們咬字不清楚，我都明。」

社創 × 生活文化：李丹

「但你們聽我講就沒有這個預設,那我就要每個字都要好清楚,這就是我們腦海預設的知識,如何去引導這個識別。技術上有難度,電腦認不到?這次識別到,下次又可不可以?因此需要大量的數據(Training Data)。」三言兩語,他將複雜的原理簡潔道出。

李丹平日用手機通訊,喜歡用「speech-to-text」,「即使好地道的廣東話都打得出。」他 30 年前的博士研究就是廣東話語音識別。

## 最強踩過界

不能發明單一技術解決所有溝通問題,他卻善於遊走各學系,跟不同學者合作,利用自己的工程專長,解決各種各樣的難題,包括跟聽力學家合作改善人工耳蝸語音處理的質素;跟言語治療師合作,利用語音處理檢測兒童言語障礙;跟教育心理學家合作,分析優秀輔導員的語言表達特徵等等。

「我相信我是中大跨學科(研究)最誇張的人,除了 Business Administration(工商管理)同 Law(法律)之外,其他(學科)都合作過。」他笑言。

近年為人熟悉的,是他的團隊為一喉癌病人 Jody「留住把聲」一事。事緣 Jody 去年要做手術切除喉部,意味日後會失聲。其兒子女朋友在網上求助,李丹的學生 Matthew 獲悉後,促成李丹團隊出手,利用人工智能語音合成技術,趕及在手術前請 Jody 錄製十多小時的錄音,成功為其保留聲線,日後可透過 text-to-speech 應用程式「親聲」跟外人溝通(參閱《有線新聞》的報道)。

## 曾擁全球最大廣東話語音數據庫

要在 24 小時之內準備好所有講稿給 Jody，如何張羅？「我們一向有這些廣東話材料，包括書面語、對話式、講故事的語言，我們儲有 1999 至 2000 年的所有報紙。」他指出，中大是早批獲批創新及科技基金（ITF）資助的大學，用於建立一個當時全球最大的廣東話語音數據庫，曾經動用逾千人、錄得 400 多個小時錄音，「蘋果第一代的廣東話語音識別，就是買了我們數據，雖然最後不知用了幾多。」

語音配合深度學習技術，應用潛力深廣，不懷好意的會用於 deepfake，例如模仿銀行老闆聲線以作詐騙，但亦可以幫助 Jody 等個別病人及家人，受惠對象還可能包括患有柏金遜症、小腦萎縮症這類慢慢會影響說話能力的患者，「甚至老人家如果想聽到遠在海外的孫仔的聲音，或聽孫仔讀報紙，都可以利用此技術，不過這可能涉及道德問題。」

他相信，技術應該去幫那些有需要的人，「不是幫那些一有空閒就找 Siri（蘋果語音助手）來聊天的人。」他表示不喜歡用 Siri，但喜歡用手機的 speech-to-text 功能，「好地道的廣東話都打得出來。」

近年不少學者「研而優則商」，興趣多多、喜歡唱歌、打籃球的李丹卻始終熱衷大學的環境，「大學可以學嘢。」他分享最近跟教育心理學系崔子揚教授一次「好玩又新奇」的合作經驗。

「他們有許多時數的輔導員進行輔導的錄音，我們負責分析語音、語調表現特質。原來輔導成效的重點，不是輔導員說了些甚麼，而是如

左上：2015 年，李丹（左一）跟中大耳鼻咽喉頭頸外科學系，以及語言學及現代語言學系合作，推出兒童語障評估軟件。當日他與手語語言學專家、語言學及現代語言系鄧慧蘭教授（中）及耳鼻咽喉頭頸外科學系助理教授兼言語治療科副主管羅家東教授（右一）等出席發布會。（圖片提供：受訪者）

下：打籃球是李丹的興趣，亦是持續幾十年的習慣。近年他加入了一支由 70 到 80 年代中大籃球校隊成員組成的球隊，經常參加本地和外地的公開比賽。球隊於 2015 年前往惠州參加一年一度的世界華人籃球賽。（圖片提供：受訪者）

何引導事主表達自己。輔導員等多久才回應、有沒有重複對方的字眼、重複多少，甚至虛詞（嘅、嘛）的運用都有關係，我們還開了個會議討論虛詞，對我來講又是新奇事。我回去跟仔女聊天都會注意自己說話。」他笑道。

除了校內跨學系合作，他前年亦透過中大知識轉移項目基金（KPF）走入社區，他跟團隊運用語音技術，創建一個「故事點播機」的應用程式，孩子和父母不但可以收聽 100 個兒童故事，小朋友還可以改動故事的內容、顏色、地點等，「例如將大灰狼改為爸爸。」促進親子互動。

能否合成父母的聲線，讓不在身邊或忙碌的父母為孩子說故事？育有兩名子女的李丹斷然反對，「始終小朋友年紀小，盡可能由（父母）真人講啦。我不想我的技術用在一個偏離的方向，這方面我會好警覺。」技術雖好，但李丹所關注的，還有背後的倫理問題，相信會在他教授的通識科「人工智能揭秘」有更多涉獵。

## 學人百科

### 「做 speech」

「做 speech 在工程界比較難刊文、難評核，因為圈子好細，每間大學做電腦影像、視像的人有許多，但做 speech 的好少，全世界做 speech 同 image，是 1 同 10 倍的分別，在香港（學界）一隻手數得晒（人數）。」為何？他觀察估計，因為語音技術好難見到分別。

他直言，90 年代幾個出色的學者都未能拿到終身教職，「但沒所謂，他們後

來都到了微軟、蘋果做了高層。」雖然在大學「難撈」，但語音工程師在科企就十分搶手，「阿里巴巴閒閒地請 100 個。」

## 社創資訊 _____

### 讓孩子當主角：個性化兒童故事

項目推出年份：2020 年

資助計劃：中大知識轉移項目基金 （KPF）

項目成員：中大電子工程學系李丹教授

目的：團隊利用人工智能技術，製作內容豐富的有聲兒童故事，並實現故事內容的個人化。團隊將開發一個廣東話故事應用程式，家長和小孩不但可以直接收聽預先製作的有聲故事，更可以發揮創意，譬如把孩子變成故事的主角，加入孩子最喜愛的動物。

朱順慈
中大新聞與傳播學院院長
（副教授）

「在地經歷，離地思考」

冀普及媒體教育

19

「假新聞通常都是有真有假，才容易令人信以為真。我最近都試過差啲『炒車』。」朱順慈（Donna）教授這日一身便裝，牛仔褲搭衛衣，回到空無一人的中大人文館新傳系教學樓，與我們談談她開設的社企「火星媒體」的新搞作和近期熱話──失實資訊。當然少不了也談談她的故事。

訪問約在 2020 年 4 月 2 日進行，適逢政府在一周前宣布公務員恢復居家工作安排，本來擔心見面要改為冷冰冰的視像會議，幸好在 WhatsApp 傳來的是 Donna 附上兩個「喜極而泣」Emoji 的正面回覆，表示她樂意如期回校見面，「自己都想離家鬆一鬆，否則會好悶。」

朱順慈是中大新聞與傳播學院院長（副教授），對新媒體、大眾文化研究十分在行，相當熟悉年輕世代「潮甚麼」。中大新傳是她今日的落戶地，亦稱得上是她學術生涯的「發源地」，因為這裡也是她本科畢業的地方。

## 社會要有不同可能性

大部分人報讀傳理系，或許都是為了當記者，但 Donna 透露自己純粹是在中學聽了鄭丹瑞一個講座。「他當時介紹自己的工作，又電台 DJ，又編劇、拍劇、拍電影。其實（那時候）都不知道他到底是幹甚麼的，但我覺得如果有一份這樣的工作，就正啦。」戴着口罩，只見她兩眼笑成一線，慢慢地道出。

中學時代的 Donna 對這份「咩都做下」的工種開始感興趣，「有人跟我說，想深入了解 （這工種），要讀傳理系。於是好順理成章入

讀中大傳理系。」她說。

「『無法定義』本身就是一種可能性。」

Donna 形容這個是人生的第一個轉捩點，不過她強調，重點不是鄭丹瑞這個人對自己的影響，而是當刻年少懵懂、對當「乜師物師」全無興趣的自己，「接觸了一個人，而那個人給予你一個可能性。我覺得這一點很重要。」她認為一個多元化的社會，就是要讓人見到有不同的可能性。

「如果年輕人見到的職業來來去去都只有幾種，想像力就會受限。」她進一步解釋，「無法定義」本身就是一種可能性。「我估當初許多學生都會有疑問，『都不知鄭丹瑞做咩嘅』，就作罷。但我就會想，『咁即是他到底是做咩㗎』。」

## 遇上另一個導演

她抱着這份好奇心展開大學之旅。「我好快知道自己不適合做記者。」她說，這個世界有好多面向，「雖然真實同事實好重要，但是我想做另外的東西。我想要好玩、我想說故事、做虛構的東西，我想令世界有多些不一樣。」

大學三年級，心底裡藏着一副創作魂的 Donna 去香港電台節目部實習，並迎來人生第二個轉捩點。「那時我是 PA（助導，Production Assistant），跟隨一個學術型的導演做節目。第一日上班，他遞上一疊書，叫我回去讀。我那時還想，原來做 PA 要讀書㗎？」自言是

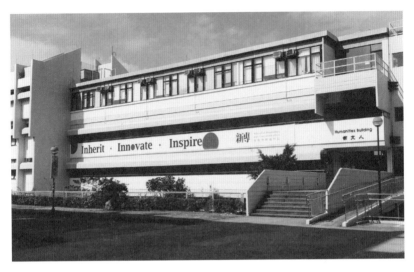

位處中大山頂的人文館。（圖片提供：ORKTS）

聽話乖學生的 Donna 照做不誤，啃下一堆文化研究的書籍。始料不及的是，這堆書「打開了她世界的另一塊」。

## 「遇過許多不同的人和事，給你的養分。」

她說，以前讀的傳播理論多來自美國，但那堆書的理論則是歐洲和英國的派系，「原來可以咁睇媒體同文化。」她又提到，這個導演很注重資料蒐集功夫，問題想得特別透徹，種種因素燃起了她對「讀書」的興趣。「我覺得大學的自己好像未開始讀書。」她朗聲一笑。

大學「尾水」發現讀書、做學問的興之所至，Donna 沒有慢下來，四年級即申請獎學金往英國攻讀文化研究碩士，畢業論文是

探討粉絲文化。「這就是我人生兩個重要轉捩點，第一是聽了個講座，第二跟了一個導演。想回頭，這就是 Steve Jobs 所說的 connecting the dots。那些 dots 是你遇過許多不同的人和事，給你的養分。」

## 人生可以計劃嗎？

她特別想向年輕人寄語，「許多人都會問自己應該幹甚麼？找不到內心的 calling 怎麼辦？如果沒有夢想是否很廢？有夢想但追求不到怎麼辦？有各式各樣的問題，但我回想自己的歷程，真是沒得計劃的。」

那如何應對這種前路茫茫、焦慮的心情？有禪修習慣，最近更開始研究佛經的 Donna 自有一套佛系人生觀。

「用心感受每一次事情的發生，遇見不同的人事，你的心情都會有所不同。譬如我今日都好記得那次鄭丹瑞講座禮堂的布置。突然間你腦袋好似會叮一聲，那刻我未必 name 到究竟那樣咁正的嘢是甚麼，但 name 不到那樣嘢本身，就是一個可能性，你不需要 fit 自己落一個框。」

## 「經常在紀律和自由之間遊走。」

正因為無意將自己 fit 落一個「框」，回港之後，她展開了 8 年的自由身工作，即現在流行的「slashie（斜槓族）」。「在香港電台做過好長時間的項目，包括做編劇、導演、研究員；幫企業拍短片；幫

香港電影資料館做訪問，在大學開始兼職做老師……」同時，她亦開始在香港大學攻讀博士，研究香港的媒體教育。

她十分珍惜這段早期自由自在的生活形態，遇到「生意」欠佳時，就去學烹飪，隨遇而安。「學識許多事，第一是紀律，答應幫人做的事要做到。第二就是自由。經常在紀律和自由之間遊走。」

當然，斜槓族不是人人適合。「我成日講笑說（自由工作者）可以不用買衫，因為見的人經常都不同。但不好處是難於累積經驗，冇得升職，冇層級之分，但我覺得呢啲嘢不重要。」

## 媒體很重要，但不支持管制

對 Donna 個人而言，自由同「好玩」好重要，但對社會整體呢？她認為其中一樣不可或缺的是媒體。她將在英國接觸到的媒體教育化為她的博士研究。她強調，媒體教育是「educate ABOUT media」，即認識媒體本身，而不是「through media」。

「在英國讀完批判的理論後就發覺，媒體在我們生活佔好重要的位置。我讀書的年代，有好多聲音批評媒體，覺得它們教壞細路，渲染色情暴力，呼籲要管制。但我到今日都不相信管制，不支持大限度的管制。」她相信，正因為媒體影響力重大，「每個人都需要培養一種能力，去判斷那東西係乜嘢來。」

在現今人人皆可為媒體、假新聞及失實資訊橫飛、社會漸趨兩極的世代，認識媒體的本質有其必要。以教育質素和幸福度經常「跑贏大市」

的芬蘭作例，其國民抵禦失實資訊的能力也領先全球。根據 2019 年公布的一項媒體素養指數，芬蘭在 35 個歐洲國家當中排榜首，「抗假」能力一流。這其中就有賴學校的媒體教育。

《衞報》報道指，芬蘭政府因為 2014 年受到一波來自俄羅斯的假新聞攻擊，開始意識到必須加強全民「打假」意識。在 2016 年開始，學校在跨學科加入「資訊素養」（Information Literacy）元素，加強批判性思考。例如在數學科，學生會認識到，數據可以用來說謊；在藝術科，原來影像可以造假；歷史課上，學生一起分析政治洗腦宣傳。

## 創業助學生看穿媒體

「我覺得媒體教育好重要同好需要，我那 8 年做 freelancer 時，經常都諗香港可以點做？」實踐的契機出現在 2010 年。中大開始鼓勵校內學者將研究「轉移」至社區，並提供資助。因應這個呼召，Donna 跟馬傑偉教授（已離職）度橋，創辦了火星媒體（Mars Media）項目，每年舉辦夏令營，給數十個中學生一邊玩，一邊反思媒體的影響和限制。「如果今年（2020 年）不是因為新冠肺炎而取消，將是第九年搞。」

自號「火星長老」，多次強調要好玩的 Donna 解釋火星媒體玩味十足的概念。「火星（Mars）媒體一來語帶相關，對應大眾媒體（Mass Media）。二來寓意帶你稍為離開一下地球，望返地球是怎樣過日子的。」

社創 × 生活文化：朱順慈

朱順慈教授指實踐「校內創業」差不多 10 年，不少舊生是她的好幫手，包括火星媒體兩位骨幹成員 Dorothy Wong（左，Programme Director）和 Jeffery Loa（右，Content Manager）。（圖片提供：ORKTS）

## 「在地經歷，離地思考」

三日兩夜夏令營每年都有不同的故事設定，學生扮演不同角色，學習借助媒體做地球人。「去年主題是關於社交媒體同美麗。學生要成為 KOL，可以如何變靚？過程中要付出甚麼？」團隊更特設一個 fashion corner，找來舊生兼專業攝影師和時尚服裝，為學生變裝，趣味十足。

雖然教研工作繁忙，還要抽時間搞這類「課外活動」，但 Donna 樂此不疲。「我的興趣是關心一個時代興緊乜，那樣流行的東西講緊啲乜嘢俾我哋知。我每年都會見到不同的中學生，他們每年的精神面貌

左：Donna 說，每年跟中小學生面對面接觸，認識他們獨特的精神面貌，是搞火星媒體的一大收穫。（圖片提供：火星媒體）

右：火星媒體其中一項特色活動「數碼排毒營」，Donna 和拍檔評核同學們的 media diet，看看有沒有「資訊消化不良」。（圖片提供：火星媒體）

都有啲分別。譬如第一年個個都用 Facebook，但這一兩年？可能連 Instagram 都少用。」

「玩」得興起，火星長老和「小火子」畢業生團隊漸壯，Donna 在 2017 年透過中大可持續知識轉移項目基金（S-KPF）資助，成立公司 Mars Media Academy 火星媒體總部，進一步將「在地經歷，離地思考」理念向社區推展。

「火媒總部」有兩大業務，包括公眾教育和多媒體製作。這陣子假新聞成為熱話，Donna 指的確接到不少團體邀請去做有關工作坊，可

惜因為疫情而要取消。提起這些題為「真的假不了」、「瞬間看地球」的拿手工作坊，她十分雀躍。

## 假的一定真不了？

雖然訪問中不時談及「假新聞」，但這位長老指她在公開場合傾向使用「失實資訊」，直言沒「真新聞」這回事。「當你講假新聞，即假設有真新聞？但所有新聞都是經過一個選取過程，根據不同新聞角度同價值觀產生，只有盡量接近事實的新聞。因此知道新聞是如何生產很重要。」

她又直指，所謂的假新聞往往「假唔晒」，「假新聞通常是一個 mixture，100% 虛構的可能是純為搞笑。」她舉了兩個最近多人「炒車」的例子。

一個是 2020 年 3 月在 WhatsApp 廣傳的「Bill Gates' letter」，內容指 Bill Gates 相信這波疫症背後有「靈性」的教訓，鼓勵人們反思生命，充滿正能量。這封「信」更一度獲英國《太陽報》刊登，後來知道是假的才撤稿。

## 「這件事是假的，但會不會令那些道理變得假了？」

「雖然 Bill Gates 本人沒說過，但這些內容卻很有意思和道理。這件事是假的，但會不會令那些道理變得假了？」她希望藉着這些事例令學生明白，真與假之間不一定有明確界線。

「我最近都差啲『炒車』。」她指的是意大利疫情嚴重，有人瘋傳片段，指往日人滿為患的威尼斯運河恢復生機，甚至有海豚出沒。她起初也信以為真。不過後來正如《國家地理》雜誌所報道，片段雖然是真的，但並不在威尼斯所拍攝。

事實上，真與假，跟正邪一樣，都難於定分界。牛津大學最近一項研究指出，59% 失實資訊都摻雜部分真實訊息，企圖魚目混珠；38% 則屬於完全捏造。現在「深假（Deepfake）」技術日益出神入化，有人甚至明知假都會照分享，面對這大潮，我們應該如何防備？

Fact check 功力深厚、每日均會靜心打坐的 Donna 建議大家少上社交媒體，「新聞不用睇咁多，不需要分分鐘知道。保持一定距離，留意自己情緒，尤其感到情緒特別激動時，問一問自己，這件事是不是真呢？」多出的時間，她會用來讀小說及做創作。

## 推 Mars Slowly 慢新聞

在「後真相」時代，傳媒急於鬥搶眼球，news 與 noise 難分，於是有人提倡「less is more」、「slow is the new fast」哲學，鼓勵大家重設生活節奏。Donna 和團隊也一樣，未來計劃推出 *Mars Slowly* 刊物，推廣 slow journalism（慢新聞）和 news curation（新聞策展）。一個月只討論一件重大新聞事件。

「我們會問，這單新聞當日爆出的時候，不同媒體是怎樣報道的，為何會如此報道？有甚麼角度會被放得好大，有甚麼同樣重要的角度而

又無被提及的呢？」

## 「我們賣的是一種思考的轉換。」

慢新聞已在西方風行，但在「即食淺嚐」文化濃厚的香港，*Mars Slowly* 到底有沒有市場？如何設計出可持續的商業模式？

「我們賣的是一個經歷，一個思考的轉換。」Donna 坦承不知道有多少這樣的「慢」讀者，但誠如她一貫作風，「有價值，我又做得到，同埋好玩，我就會去做。看看這篇訪問出街後，有沒有善長仁翁願意支持（*Mars Slowly*）吧，哈哈。」

## 學人百科

### 媒體教育

打擊失實資訊是當前國際重大議題，有國家就此加強立法（如新加坡、法國），Donna 則反對「大限度」管制，主張要培養公民「打假」能力。除了公眾教育，她認為中小學也需要加入有關元素，未必需要獨立成科，安排適當的工作坊、小組活動已不錯。

（圖片提供：火星媒體）

《衛報》報道指，芬蘭在 2014 年受到來自俄國的假新聞威脅後，開始加強全民「打假」意識，包括在學校加入跨學科「資訊素養」元素。日子有功，根據 2019 年一項媒體素養指數，芬蘭在 35 個歐洲國家當中位列榜首。

## 火星媒體
## （Mars Media Academy）

創立年份：2017 年

社企團隊：中大新聞與傳播學院院長（副教授）
朱順慈

目的：以香港為出發點，透過嶄新的教育課程、活動及產品，與海外教育機構的交流，推廣「媒介與資訊素養」（Media and Information Literacy, MIL），以專業傳媒經驗、創意和趣味，應對未來急促變化的資訊科技和傳媒環境。

網頁：https://www.marsmediaacademy.com/

區永東
中大心理學系副教授

從講台到舞台，創社企
推廣表演藝術

20

「十幾年前的我沒現在那麼活潑，我比以前後生了。」中大心理學系副教授區永東（Winton）開玩笑道。有甚麼返老還童秘方？不是甚麼靈丹妙藥，「參與表演藝術，對我來說就是一個由怕醜到不怕醜，至不知醜的轉變。」戴着口罩，也不難想像他神采飛揚的樣子。

Winton 在香港土生土長，1989 年赴美升讀大學，1997 年從美國伊利諾州大學厄巴納香檳分校（University of Illinois Urbana-Champaign）取得心理學博士後加入中大，「碰巧在這兩個特別的年份。」他說。這日他要分享的主角不是心理學，而是他的「課外活動」，包括他和劇場界「老鬼」中大藝術行政主任鍾小梅（Ribble）一起創辦的社企「一月一藝術」。

## 「排除紫微斗數、睇相……」

相比起 Ribble 自小愛上藝術，Winton 與藝術結緣是很後期的事。

「那是 2006 年，我想找一些課外活動，排除紫微斗數、睇相等等，總之跟心理學無關就可以了。」那是他在中大任教的第 9 年。他研究專業是工業及組織心理學，即職場方面的心理學應用，「大家見工填寫的性格及能力測試，就是我們這些 I-O 心理學家（Industrial Organisational Psychologists）所研發出來的。」

笑言當年遇到中年危機，他特地在教授和顧問的身份之外，發掘一門新的興趣，最好是跟前者毫不相關的。「戲劇跟心理學怎會不相關呢……」Ribble 笑着插嘴道。「沒錯，但我最初的確未有將兩件事聯想起來。」然而，Winton 越玩越認真，更演而優則「研」，後來

更開始鑽研起戲劇心理學。

「碰巧見到演藝學院有演技班，於是就報名。第一堂本來帶了本 notebook，打算去抄筆記，但第一堂原來大家要脫鞋，根本沒得坐，要周圍跑來跑去。」他第一個戲劇老師是人稱「大師兄」、演藝學院的第一屆畢業生陳永泉。

## 尋回真我個性

Winton 拜師陳永泉，上了多個演戲課程，也曾遠赴法國及美國進修。他強調，在學習演戲的過程，更多學會的不是演技，而是欣賞戲劇，以及接觸自己的內心。

「作為教授和顧問，要令自己的情緒好平穩，不可以有大起伏，但學了戲劇之後，令我更忠於自己內心的感受，更加真誠。這樣由怕醜到不怕醜，到不知醜的過程，是一個好清晰的轉變。」

一開始純粹是為了自娛，但自 2014 年起，他開始寓娛樂於工作，「陳健彬（香港話劇團前行政總監）好支持我做研究，去了解觀眾的觀賞體驗。」與不同劇團接觸、訪問了約 30 個劇場人之後，他發覺業界最希望的，就是有觀眾入場，促使他生起成立跨劇團推廣平台的念頭。

「個個劇團都說需要這樣的一個平台，但沒人打算開始，那就我們來試試！」構思醞釀了幾年，團隊 2020 年透過中大可持續知識轉移項目基金（S-KPF）支持，於同年 3 月正式成立公司「一月一藝術」。

社創 × 生活文化：區永東

一月一藝術團隊，包括從中大畢業的職員陳錦瑩（Jackie，左）、中大藝術行政主任鍾小梅（Ribble，中）、Winton（右）。（圖片提供：ORKTS）

## 「戲劇是覺醒過程。」

「最初想叫『一月一戲劇』，但 Ribble 建議不如闊一些，叫『一月一藝術』。我們常聽見一日一蘋果、一日 8 杯水、每星期一日 green Monday，為何不試下一月一藝術呢？」語速偏快、活潑跳脫的 Winton 望向身旁的 Ribble。

Ribble 是資深藝術行政人，當過節目策劃，擅長將構想落地。在「一月一」頭炮活動「刀神」導賞訓練計劃中，兩人就大刷人情卡，找來業界重量級導師，設計 18 節工作坊，講授劇場發展、運作模式、風格種類，以及舞台美學知識，希望培養一班劇場愛好者成為導賞員，長遠帶動整個表演藝術的觀賞文化。

上：2012 年 Winton 在法國參與戲劇大師 Philippe Gaulier 的工作坊。（圖片提供：受訪者）

下：Winton 自言接觸戲劇後，經歷很大的轉變，所以很想將這藝術推廣出去。（圖片提供：ORKTS）

社創 × 生活文化：區永東

「戲劇不是純粹的戲劇，而是通過戲劇去思考一些問題，社會與自身的問題，是一個個人的覺醒過程。」Ribble 自言從小鍾情表演藝術，中學玩話劇，大學在英國讀舞台設計，畢業回港後一直在這一行深耕，更謂連去旅行的目的大多數是為了觀賞藝術，「心裡有團火。」Ribble 如此形容這份多年不變的熱情。

Ribble 跟 Winton 相識，正是始於舞台。

「基本上你演出的作品我都看過，3 部而已對嗎？」Ribble 笑言。

「還有很多細小演出的！」Winton 搶白道。哪部作品最令人難忘？

Ribble 十分讚賞對方曾經主演、由美國劇作家 David Mamet 撰寫的 *Oleanna*，故事講述 Winton 飾演的教授被女學生控訴性騷擾，雙方各執一詞。「很好看！整場戲就只有兩個角色，雙方各有理據，都令人信服！好精彩的劇本！」

## 「香港不是文化沙漠，但心靈是沙漠。」

Winton 享受台上的另一個我，Ribble 卻長期專注幕後工作，「跟 Winton 不同，我沒有表演慾的。」她曾遊走藝術界不同崗位，「在藝術發展局做過職員，亦做過民選委員。」有了民間和官方的工作經驗，讓她對業界生態有較全面的掌握。

她直言，香港業界的生存狀態並不理想。「一場騷，幾十萬預算，演員只得很少薪金，兩個月可能只得兩三萬人工，所以好多人需要做多

上：2014 年 Winton 參與 *Oleanna*，擔正演出。（圖片提供：受訪者）

下：Ribble 認為藝術和美感教育，有助孩子接受自己，懂得欣賞每個人的特質。（圖片提供：ORKTS）

社創 × 生活文化：區永東

份工，支援日常開支（疫情下更陷窘境）。」藝術界面對的這種困境，不是這一兩年的事。她認為歸根究底，是香港社會太強調「金錢為成功指標」。

「香港不是文化沙漠，但心靈是沙漠。這是社會價值觀的問題，孩子童年時會學畫畫、彈琴，但長大後，又有幾多個家長會讓子女從事藝術，怕開不到飯（事實又的確如此）。這種觀念幾十年來都沒變。」Ribble 道出這個無奈的惡性循環，但強調跟她一樣熱情投入這行的人還是有不少的。現實雖然很「骨感」，理想仍然很「豐滿」。

那麼如何營造一個健康藝術生態？Ribble 認為兒童教育十分重要。「以英國為例，小朋友從小接觸藝術，家庭會訂購樂團、劇團入場票，一家人視之為盛事去參與；在美國，我參加過一個跨州舉辦的兒童藝術節，政府和學校都很支持，帶小朋友參加各種舞蹈、戲劇、音樂表演，還有兒童講故事環節，我身為大人都聽得開心得很。」

## 培養大眾欣賞藝術習慣

價值觀和文化塑造需時，對於藝團，最實際問題是當下如何吸引觀眾購票入場。Winton 道出「一月一」的推廣策略。「導賞計劃希望可以拓展兩層觀眾，第一層是本身對表演藝術有興趣的人，第二層則是導賞學員的朋友，即一些本來甚少接觸這類藝術的人士。」

筆者曾參與其中一節導賞課，由舞台音響設計師劉穎途主講。他播了一段自己主編的原創音樂劇《一水南天》，聽完那震撼的音樂聲響和

一月一藝術導賞訓練其中一節課堂，由舞台音響設計師劉穎途主講。Winton 則放下教授身份，在現場打點，不但駕車接載同學出入中大，又擔任攝影師，四處跑動，參與度非常高。（圖片提供：ORKTS）

故事節錄，的確令人想立即購票入場。我忍不住當場打開手機搜尋好劇推介。而現場十分專心、不時抄筆記的學員來自各行各業，包括記者、老師、社工等，亦有演員、幕後工作人員，更有人辭去銀行職位，準備報讀編劇課程。

「本來有 60 多個人報名，包括澳門人，最終錄取了 20 多位。」Ribble 說。反應不俗，其中有賴「一月一」另一位功臣、從中大文化管理系畢業、獲聘為全職的陳錦瑩（Jackie），「因為這次課程有好多大師，他們都有自己的粉絲。」Jackie 靦腆地表示。

除了開班授課，Winton 透露團隊正計劃設計一個手機應用程式，希

望觀眾日後可以透過參與藝術活動，儲積分換取禮物，提高積極性。「希望有更多資助支持我們！」

## 學人百科

### 戲劇心理學

「藝術的影響，終歸是關於個人成長。」專門研究觀眾體驗的 Winton 指出，可從 4 個層面分析觀眾感受，一是情感上會否互通、受感動（Emotional Resonance）；二是思想上會否受刺激，思考社會或自身問題（Cognitive Stimulation）；三是感官上有否滿足，如光影豐富、音樂澎湃（Sensational Excitement）；最後是一同經歷一件事情，「為何要去劇院，不看 DVD 呢？因為大家一起感受和經歷，產生一個集體經驗（Collective Experience）。」

## 社創資訊

### 一月一藝術（One Month One Art）

創立年份：2020 年

一月
一藝術。

資助計劃：中大可持續知識轉移項目基金（S-KPF）

社企團隊：中大社會科學院心理學系區永東副教授、中大藝術行政主任鍾小梅

目的：團隊籌辦觀眾拓展計劃「文化藝術欣賞之旅」，透過導賞概念，凝聚及培育熱愛藝術的粉絲，為新觀眾提供藝術欣賞導讀，提升觀賞體驗，培養大眾欣賞表演藝術的習慣，令藝術融入生活。

網頁：http://www.1m1a.org/

# 筆者感言

《「學人」搞社創》 20 多位不同學系的教授，走入社區，將研究化為實際應用，為社會解決各種疑難雜症。其「創業」過程固然引人好奇（有不少均是被學生「拉下水」），但每位學人的人生旅途同樣引人入勝，給讀者和筆者帶來不少啟發，例如麥穎思教授（StoryTaler 創辦人）一句「偏見源自不了解」，成為筆者的「口袋式」金句，與人相處時時刻提醒我。

20 篇專訪出自中大研究及知識轉移服務處 3 年前開展的一項的企劃。坊間近年有不少關於社會創新的討論，亦有學者作相關研究，但由學者開展的社創呢？有否系統性地記錄和推廣？人文風氣濃厚的中大山城在早年已經推出資助計劃，加上培訓及諮詢服務，鼓勵學人將學術知識加入創新元素，走入社區。而且，默默「知識轉移」的教授絕對不止這群人。

有見多年成果積累，3 年前由何居理先生（前研轉處創業及社會創新總監）組成團隊定期訪問，蒐集校內、全球相關的最新消息及趨勢，結集成迷你雜誌 *Cubic Zine*，以電郵方式向全校及業界夥伴發放，反應正面，每期平均有 1.3 萬封電郵開啟。

*Cubic Zine* 的出版，筆者雖為主要撰稿人，但團隊包括 Cathy Wong、Dorothy Hui、Franco Wong、Christine Leung 和攝影師龍哥的共同參與，亦不可或缺，最重要的是感謝老闆們的支持和信任，

感謝副校長岑美霞教授、前副校長張妙清教授、研轉處處長徐仲鍈教授、前處長李志明博士和前副處長楊樹英博士。其中徐仲鍈教授不時讚賞，讓大家更受鼓舞。

見到這 20 篇人生與挑戰的故事出版成書，心情着實興奮。受訪者分別來自中大不同學系，相信有助一探各專業面貌之餘，亦會為你帶來一兩個「aha moment[1]」，繼續深思。

祝開卷快樂！

Kary Wong

電郵 ｜ karywong512@gmail.com

---

[1] 編註：亦稱 eureka moment（尤里卡時刻），泛指靈感來臨的時刻。

# 附錄一

## 研轉處管理的社創資助計劃

為配合聯合國提倡之 17 項可持續發展目標，大學積極推動成員在不同領域主動參與可持續發展，如推廣社會共融、環境可持續發展、促進健康公平等。中大鼓勵學者將研究成果，發展為不同形式並具實證支持的創新方案，解決當下的社會問題。冀把世界一流的研究成果轉化為正面的社會影響。

為推進知識轉移，中大推出知識轉移項目基金（Knowledge Transfer Project Fund, KPF）及可持續知識轉移項目基金（Sustainable Knowledge Transfer Project Fund, S-KPF），積極支持和培育學者主導之項目，連結社區各持份者，推動社創計劃開展，完善中大創新生態系統。

### KPF 是甚麼？

KPF 是中大推出的資助計劃，由大學教育資助委員會（教資會）知識轉移經常性撥款啟動，2017 年起並獲社創基金共同支持。KPF 旨在支持由教授帶動的社會創新項目，讓學術知識得以轉化為實在社區行動與應用，創造社會效益。KPF 重視項目與民間組織的夥伴關係，以及與社群的互動，而非單向傳播知識。

申請者須為中大的全職教研人員，而所有中大職員、學生及非中大人員均可成為團隊成員。

### S-KPF 是甚麼？

S-KPF 提供資金與培育計劃，旨在支持中大教研人員將社會創新點子

轉化為可持續的社會企業。由構思理念、建立團隊、設計營商方案，以至市場分析和推廣，我們將與獲選團隊肩並肩，應對各種創業上的挑戰與機遇，一同創造社會價值及效益。

申請者須為中大的全職教研人員，而所有中大職員、學生及非中大人員均可成為團隊成員。

聯絡我們 | https://www.orkts.cuhk.edu.hk/

# 附錄二 中大社創生態圈

## 1990 年代

### 中大研究事務處和知識轉移處

研究事務處和知識轉移處為中大研究人員提供多方面支援，包括研究資助與合作、知識產權的開發與授權、合約處理等。在 2014 年，兩者合併為研究及知識轉移服務處（ORKTS），進一步推動創新創業活動。

香港中文大學　創新科技中心
Centre for Innovation and Technology
The Chinese University of Hong Kong

### 中大創新科技中心（CINTEC）成立

中心透過技術授權、合約研究項目、顧問服務、技術培訓，成立初創公司等支援，同時透過不同形式的會議、展覽、研討會等活動促進科研合作，致力將創新科研成果商品化。

## 2000 年

CUHK
BUSINESS SCHOOL
Center for
Entrepreneurship

### 中大創業研究中心（CfE）成立

中心致力透過研究、教育及社會服務、跨學科活動推動創業。校內，我們與創業相關的單位合作，磋商及執行知識轉移策略；校外，我們與民政事務局、教育局、香港科技園、數碼港及大灣區的企業家、天使投資者、創業投資者等緊密聯繫，相輔相成。

HKSEC
香港社會企業挑戰賽

### 香港社會企業挑戰賽（HKSEC）始辦

HKSEC 是一個社會初創企業比賽，致力促進年輕人主導之社會企業快速成長。作為全球同類型計劃的領先者，HKSEC 為一眾年輕而富有抱負的社會企業家，提供完善的教育、培訓及創業實戰的綜合平台。

### 推出中大知識轉移項目基金（KPF）

KPF 主力支持立足社區的項目，不論是惠及社會的新產品、新服務模式，甚至是基於最新研究設計出的社會項目，不限學科，均歡迎申請此資助。 KPF 鼓勵中大研究人員在成立社企前先於社區試行其社創新點子，建立社區夥伴關係。

研究及知識轉移服務處
Office of Research and
Knowledge Transfer Services

### 研究及知識轉移服務處（ORKTS）成立

ORKTS 的角色是連結大學及社會的橋樑，配合學人研究項目的孵化和發展需要，提供研究資金、產研合作、研究合約、知識產權、倫理政策、知識轉移等各方面支援。

## 2015 年

### 推出中大可持續知識轉移項目基金（S-KPF）

為了延續社會創新項目成果，中大作為先行者，首創成立 S-KPF，授權中大的研究人員基於項目成果成立社企，創造更深廣的效益。

I.CARE Centre 博群全人發展中心
for Whole-person Development

### 博群全人發展中心（I‧CARE）成立

中心除策劃及推行博群計劃外，亦管理「學生發展組合」及支援其他促進學生發展的服務，轄下還有中大尤努斯社會事業中心。博群計劃建基於 I‧CARE 發展模式，以「博思明志，群育新民」為規訓，旨在鼓勵學生多思考、常自省及積極參與公民服務，以滿足本港以至全球的社會需要。

### 中大創業校友會（CUAEA）成立

CUAEA 是由一群中大創業校友創立，旨在團結各位已創業或準備創業的中大人，提供交流及聯繫機會，擴闊及強化中大創業家之間的網絡，發揮中大人互助精神，助中大創業人士拓展業務。

### 推出中大創業創新副修課程（EPIN）

通過帶學分的科目及多元化實踐經驗，EPIN 強化了創業創新教育，讓中大的創新生態系統更趨完美，鼓勵學生「創得出，做得到」。EPIN 是全港首個全校性跨學科的創業創新副修課程，供所有本科生報讀，不僅訓練學生的創業的技能，更培養學生堅持不懈的精神與社會責任感。

### 中大創業者聯盟（CUEA）

CUEA 是由中大校友傳承基金推動成立。為進一步集結創業日各合辦單位的力量，遂促成「中大創業者聯盟」的產生，讓中大的創業創新文化及思潮更有效地繼往開來，積極拓展未來的發展。

### 2020 年

### 社會責任及可持續發展處（SRSDO）成立

由校園規劃及可持續發展處和中大賽馬會氣候變化博物館辦公室合併而成）

大積極履行大學社會責任，孕育創新文化，鼓勵創意維。SRSDO 秉承中大創新精神，並就《中大策略計劃2021-2025》中的相關策略，推動社會責任及可持續發展。

### 中大與社創基金（SIE Fund）建立夥伴關係

中大是第一所與社創基金確立系統化合作的大學，以推動學者實踐社會創新。基金支持 KPF 啟動應用研究項目，實現減貧、社會共融和提升福祉的目標。

### Cubic Zine（中大社創志）誕生

ORKTS 發行「自家製」刊物 *Cubic Zine* ，希望藉定期的學人專訪、環球社創案例分享及業界最新消息等相關內容，鼓勵更多校內外人士認識社會創新，共創社會影響。

### 中大創博館（InnoPort）

InnoPort 位於港鐵大學站旁邊的博文苑，以創新創業兩大元素，凝聚中大教授、學生及業界，鼓勵跨學科合作。InnoPort 設有工作共享空間、展覽廳、會議室等，ORKTS 團隊亦進駐其中，協助學生教授團隊把研究及想法商業化，發揮「知識轉移」的最大影響力。

### 粵港澳大灣區發展辦公室（GBAO）成立

GBAO 協助大學投入參與大灣區的建設，為大學成員在大灣區的學研提升、創新創業等活動提供適切的支援，同時加強與各地政府、企業合作夥伴、產業機構及校友組織等的溝通與聯繫，推進和落實大學在大灣區的各項目的工作。

責任編輯　羅文懿
書籍設計　Kaceyellow

書名　「學人」搞社創
著者　中大研究及知識轉移服務處

出版
三聯書店（香港）有限公司
香港北角英皇道 499 號北角工業大廈 20 樓
Joint Publishing (H.K.) Co., Ltd.
20/F., North Point Industrial Building,
499 King's Road, North Point, Hong Kong

香港發行
香港聯合書刊物流有限公司
香港新界荃灣德士古道 220-248 號 16 樓

印刷
中華商務彩色印刷有限公司
香港新界大埔汀麗路 36 號中華商務印刷大廈 14 樓

版次
2022 年 9 月香港第一版第一次印刷

規格
大 32 開（140mm x 210 mm）240 面

國際書號
ISBN 978-962-04-5074-7

三聯書店
http://jointpublishing.com

JPBooks.Plus
http://jpbooks.plus